북유럽식 삶의 교육
이야기학교

북유럽식 삶의 교육
이야기학교

장한섭 외 12인 지음

교육의 대안을 제시하다

누림북스

글머리

교육 변화에 관한 이야기는 시대를 넘어 지속되고 있다. 이전에는 입시 제도와 관련한 논의가 주였다. 최근에는 사회 변화의 흐름에 따라 교육 변화의 필요성을 곳곳에서 이야기하고 있다. 미래학자, 경영학자, 사회학자, 노인학 혹은 장수 관련 학자, 기업가, 그리고 교육자까지 교육 변화를 주장한다.

하지만 한국 사회는 입시 제도에 가로막혀 교육의 근본적 틀 변화에 관한 담론을 받아들이지 않는 것 같다. 국가 교육 위원회가 세워지고 2024년부터 달라질 교육 과정에 대한 논의가 있기는 하지만 거대한 사회 흐름에 맞서 입시 중심의 교육을 바꿀 수 있을 것인지에 대해서는 의문이다.

이런 상황 속에서 과감한 교육 변화를 일으키는 운동이 20년 전에 시작되었다. 대안 교육 운동이다. 교사, 부모, 학생이 기존 공교육을 벗어난 길을 걷기 시작했다. 그리고 현재 전국에 수백 개의 대안 학교가 운영되고 있다.

아직 대안 교육이 무엇인지에 대한 명확한 합의가 이루어지지 않았다. 그렇지만 몇 가지 오해를 설명하는 방식으로 대안 교육을 정의할 수 있을 것이다. 첫째, 대안 교육은 학교 부적응 학생만을 위한 것이 아니다. 대안 교육은 입시 중심의 교육, 획일적, 일방적 교육을 벗어나 자유로운 교육을 추구하고 있다. 북유럽에서는 대안 학교를 자유학교라고 부른다. 국가 교육으로부터의 자유라는 의미를 강하게 포함하고 있다. 둘째, 대안 교육은 영어 몰입 교육이 아니다. 영어 몰입 교육은 국제 학교 형태, 혹은 학원형에 가깝다. 외국 교육 과정을 그대로 도입하는 것을 교육 운동으로 볼 수는 없을 것이다. 셋째, 대안 교육은 선교나 포교를 위한 교육과 다르다. 이는 한국 사회에 미션 스쿨이라는 형태가 존재한다. 대안 교육은 본질적인 교육을 위한 것이고, 일부 종교 가치를 기초로 하는 종파 교육 형태가 포함되어 있다. 넷째, 대안 교육은 사회적 약자만을 대상으로 하는 것이 아니다. 대안 교육은 모든 아이를 위한 것이다. 다른 교육을 선택하고 싶어 하는 부모와 학생을 위한 교육이다. 다섯째, 대안 교육은 정서 및 학습 발달이 느린 아이만을 위한 것이 아니다. 일부 특수한 형태의 대안 학교가 있는 것은 사실이나 대부분의 대안 학교는 보편적인 아이들을 대상으로 한다.

   한국의 대안 교육은 100개면 100개의 교육 철학과 교육 과정이 있다. 그러다 보니 어느 한 형태가 절대적이라고 말하기 어렵다. 이야기학교 또한 그중에 한 형태를 만들어왔다. 이야기학교는 한국의 대안 학교와 미국, 캐나다의 사립 학교, 뉴질랜드 공립 학교, 그리고 덴마크, 네덜란드, 독일의 자유 학교를 탐방하며 자체적인 교육 과정을 만들어왔다. 다양한 교육 실험을 통해 독창적인 교육 과정과 아이들이 행복한 교육을 실현해 가고 있다.

한 학교의 교육철학이 교육 과정과 평가, 생활 교육, 운영에 스며들어 문화화되기까지 10년은 족히 걸린다. 교사, 학생, 부모가 학교 문화에 익숙해지기까지 같은 시간이 소요된다. 이야기학교는 만 12년 동안 자체적인 교육 문화를 형성했다. 이야기학교의 교육 특성 중 1순위를 꼽으라 하면 '관계'라 말하고 싶다. 관계는 더불어 살아가는 시민이 되기 위한 핵심 요소이다. 관계에는 '존중'의 정신, 사람과 사람의 '신뢰'가 담겨있다. 그리고 인간다움, 곧 '성품'이 그 중심에 있다. 두 번째 특성은 '어떻게 살아야 하는가?'라는 질문에 대한 답을 찾아가는 교육이다. 진로, 재능이라고 말하는 것만으로는 부족하다. 한 사람의 삶을 설계해 내는 것을 몇 단어의 조합으로 다 설명해 내기 어렵기 때문이다. 세 번째 특성은 '무엇이 좋은 삶인가?'라는 질문에 대한 답을 찾아가는 교육이다. 개인의 삶만이 아니라 사회를 어떻게 밝게 만들 것인가를 생각하는 가치 교육이다.

이 글은 이야기학교 교사가 공동으로 썼다. 가능한 현장 냄새가 가장 잘 전달되는 글이기를 바랐기 때문이다. 대안 학교 교사가 학교 교육 과정을 교사 교육 과정으로 어떻게 풀어 냈는가를 보여 주려 했다. 1부에는 이야기학교 교육에 대한 이해를 돕기 위해 바탕이 되는 내용들을 담았다. 대안 교육의 한 형태인 이야기학교를 이해하려면 이 부분이 가장 중요할 것이다. 일반 학교와 전혀 다르게 접근하는 교육을 이해하기 위해서는 이 부분에 대한 설명이 필요하다. 2부에는 일반 학교의 교과목을 이야기학교에서 어떻게 풀어냈는가를 다룬다. 교육은 본래 삶을 위해, 살아갈 때 필요한 것을 교과목에서 가르친다. 그 목적 자체를 되살리려는 노력이 포함되어 있다. 3부에는 이야기학교 자체 교육 과정을 간추려 설명했다. 이 부분에서 이야기학교의 실제적인 교육 특성을 더 엿볼 수 있을 것이다.

한국 사회에서 미래 교육이라 소개하는 것을 보면 북유럽의 교육, 특히 자유 교육을 많이 거론한다. 북유럽의 교육 방향을 한국 토양에서 어떻게 담아내었는지, 이야기학교 교육을 통해 가능성을 볼 수 있길 기대한다.

이야기학교 교장
장한섭

추천사

이야기학교의 장한섭 교장님과 여러 선생님들이 함께 쓴 이 책은 단순한 기독교 교육 도서가 아니다. 이 책에는 이야기학교가 왜 설립되었으며 지금까지 어떻게 존재하고 있는지에 대한 이야기가 빼곡하게 적혀 있다. 그 이야기는 교육의 본질을 추구하기 위해 이야기학교 공동체가 어떻게 몸부림쳤는지를 잘 담고 있다. 이야기학교는 많은 기독교 대안 학교 중의 하나의 학교가 아니다. 오늘날 대안 학교마저 입시 위주의 교육 문화 속에서 그 정체성이 흔들리는 경우가 많지만, 이야기학교는 진정 아이들의 삶을 위한 교육을 용기 있게 담당하고 있다. 인격적인 관계 속에서 삶이 변화되는 교육, 저마다의 삶의 여정을 돕는 진로 교육, 지역 사회와 함께하며 정의와 평화를 이루어 가는 샬롬의 교육을 펼쳐 가고 있다.

 북유럽에서나 볼 수 있는 삶을 위한 교육을 우리나라에서도 이렇게 구현해 내고 있다는 것이 놀랍기만 하다. 이론적으로 교회, 가정, 학교, 지역 사회가 연계되어야 함을 주장하지만, 실제로 이들이 어떻게 어우러져 하나될 수 있는지를 생생하게 보여 주고 있는 사례이다. 이 책은 책상에서 쓰인 것이 아니라 교육의 현장에서 삶을 헌신한 교사들에 의해 온몸으로 쓰였기에 머리로만 읽을 것이 아니라 마음으로, 가슴으로 읽어야 할 책이다. 이 책을 기독교 대안 학교 교사는 물론 자녀를 진정으로 사랑하는 부모들, 이 땅에 참된 교육이 펼쳐지기를 소망하는 모든 분들에게 꼭 읽어야 할 필독서로 권하고 싶다.

▎**박상진** _ 기독교학교교육연구소 소장, 장신대 교수

세계를 잇는 이야기 속의 이야기학교

결국, 교실이다. 변화의 시작점.

현대 교육은 변질하여 교육의 목표가 인간의 변화에 초점을 두기보다는 목표를 달성하기 위한 수단이 되었다. 그럼에도 여전히 겉으로 드러난 교육의 목표는 인간의 변화이다. 특별히 대안 학교는 인간의 변화에 강한 목표 의식을 갖는다. 학교의 일정한 교육 과정을 통과한 학생이 성장하는 모습을 그리며 학교를 운영한다. 그렇다면 교육의 어느 지점에서 인간의 변화가 일어나는 것인가? 교사와 학교는 어디에 힘을 쏟아야 하는가?

교실이다. 학교의 설립 철학과 이념이 전달되는 최전방은 교사가 학생들과 마주하는 교실이다. 그래서 혹자는 '교실 혁명'이라고 하며, 국내에는 '핀란드 교실 혁명'에 대한 내용이 많이 소개되었다. 교실 혁

명의 핵심은 교사이다. 가르치는 권한을 내려놓고, 아이들을 학습의 주체로 세우고, 교실을 자유로운 분위기로 만드는 일, 어떤 형태의 수업이 진행되는지에 대한 결정은 교사에게 있다. 그런 면에서 학교는 곧 교사라고 해도 과언이 아니다. 그러나 현실 공교육에서 교사는 현재까지 지식 전달자의 역할을 벗어나지 못하고 있다. 이로 인해 '교실 붕괴'라는 말까지 생겨났다. 이런 일그러진 현상을 되살리고자 하는 교육 형태가 대안 학교이다.

이야기학교는 대안 학교다. '학교가 교사'라는 등식에 충실한 학교이다. 그렇다고 하여 교사가 전권을 행사하는 교육이 아니라, 학생과 세상을 이어 주는 다리 역할을 할 뿐이다. 그래서 이야기학교에는 교실이 없다. 어떻게 보면 '교실 혁명'을 뛰어넘는 형태이다.

이야기학교의 수업은 큰 테두리 속의 이야기에 속한다. 그래서 세상이 교실이고, 세상이 운동장이다. 교사는 세상의 교실에서 세상의 운동장에서 아이들이 마음 놓고 뛰어놀 수 있도록 수많은 이야기를 준비하는 사람이다. 솔직하게 말하면, 이런 학교의 교사는 힘들다. 언뜻 보면 생각 없이 이뤄지는 수업 같지만, 사실은 교사의 치밀한 준비와 계획이 없다면 불가능하다.

교사의 모든 시간은 아이들이 뛰어노는 땅 아래에 있는데 어떻게 교사가 힘들지 않다고 말할 수 있겠는가. 그런데 교사들은 그 힘든 현장을 왜 떠나지 않고 있는 것일까? 그들은 보기 때문이다. 교실에서, 자신들의 손끝에서 전달되는 움직임으로 학생들이 변화하고 있고, 또 변화의 조짐이 보이기 때문이다. 그것이 교사의 즐거움이고 때로는 희열이며, 자기 삶의 원동력이라는 것을 안다.

　　이 책은 '교실 혁명'을 넘어서 교실이 없는 이야기학교의 이야기이자, 교실 없는 교실의 최전방에서 아이들에게 보물과도 같은 이야기 보따리를 풀어놓는 교사의 결정체이다. 대안 학교의 방향성을 잃고 방황하는 학교와 교사의 사명을 되새김하여 새로운 희망을 찾고자 하는 교사와 대안 학교에 대해 알고 싶은 학부모에게 꼭 필요한 책이다.

 차영회 _ 《자녀를 살리는 부모기도》 저자, 사)한국대안교육기관연합회 사무국장

사람의 내면에는 본래적이고 잠재된 소원이 있다. 사람다운 사람이고 싶다는 열망이다. 그것은 곧 가치로운 사람이고 싶다는 것이다. 교육의 본분과 목적은 이 열망이 성취될 수 있도록 모든 환경과 조건을 적시적지에 제공하는 것이다. 이 열망은 결국 사람됨이라는 인격으로 뿌리내린다. 인격을 만드는 요소는 지성, 감정, 의지이다. 이들이 서로 섬세하고도 깊이 있게 조화를 이루며 성숙해 가도록 하는 것이 교육의 현장이다. 아이들이 인격의 힘으로 가치로운 삶을 펼칠 수 있도록 교사와 부모가 하나가 되어야 한다.

　　비바람 속에서, 눈보라 속에서 아름드리 나무가 우뚝 자라듯 삶의 모든 여정 속에서 아름다운 인격으로 우뚝 설 수 있도록 해야 한다. 광야에 꽃을 피우듯 땀과 눈물로 달려온 교사들의 삶이 교재가 되는 이

야기학교의 아름다운 역사를 공유하며, 함께 축복하며 추천의 글을 드린다.

▌**김득기** _ 정조무예 대표

좋은 꿈을 꾸는 사람은 많이 있지만 그 꿈을 이루기 위해 인생을 거는 사람은 적다. 학교 담을 헐고 학생, 학부모 그리고 지역 사회 네트워크와 함께 지난 12년간 〈이야기학교〉 교육 과정을 만들어 온 흔적들을 보며, 우린 꿈을 이뤄가는 선생님들을 발견하게 된다. 타인에게 의미 있고 영감을 줄 수 있는 미래상을 제시하고, 이를 함께 이룰 타인들과 자신을 연결하는 능력이 요구되는 다음 세대 리더를 이곳에서 기대하게 되는 이유다. '하나님의 말씀에 근거하여 샬롬의 세상을 회복하는 제자도를 가진 그리스도인' 양성을 꿈꾸는 〈이야기학교〉의 교육 과정 소개가 또 다른 꿈꾸는 자들에게 좋은 격려가 되었으면 좋겠다.

▌**주상용** _ 《사장 교과서》 저자

아름답고 소중한 자산과 가치를 만들어가는 이야기학교!

'이야기학교? 참 재미있는 학교인 것 같다'라는 것이 내 첫 인상이었다. 흥미도 있었고, 뭔가 스토리가 있을 것 같은 느낌을 받았다. 이야기학교 12년의 교육 활동을 접하고, 예상은 그대로 적중했다.

공동체성이 깊어져 가는 가족 캠프를 접하고 2009년 샘물 중학교 때 1박 2일 학부모, 학생, 교사가 함께 용인수지 갈보리 금식 기도원에서 가졌던 샘물가족 캠프가 떠올라 미소짓게 되었다. '우리 가족 하나님 나라 만들기'가 핵심인 다양한 가족의 연수와 활동, 이야기학교의 소중한 자산이 아닌가 싶다.

'교사가 곧 교육 과정이고 교재이다.' 라는 개념은 100% 동의하는 내용이다. 교사의 수업만이 교육 과정이 아니라 교사의 눈빛, 언어, 복장, 학생을 대하는 태도 등 다양한 보이는 교육 과정과 보이지 않는 교육 과정이 통합되어 교사가 곧 교육 과정이고, 교재인 것임을 인정하지 않을 수 없다. 그러기에 이야기학교는 교사 성장을 위해 다양한 지원과 연수, 교육 활동을 진행해 온 것이 큰 장점이요, 성장 가능성이 큰 학교이다.

'회복적 생활 지도'는 우리 소명교육 공동체와 맥을 같이 하고 있어 더 좋다. 인과응보적 처벌 위주의 생활 지도가 아니라 '샬롬'을 회복하는 생활 지도, 관계 중심의 생활 지도가 기독 대안 학교뿐만 아니라 공교육에서도 그대로 정착되기를 간절히 소망한다.

이야기학교의 교육 활동 중에 가장 관심 있는 분야가 여행캠프이다. 초등 여행캠프, 개강 여행캠프, 종강 여행캠프, 산행, 도보, 자전거, 반별 여행캠프, 유럽 여행캠프 등 마치 이야기학교가 '여행 학교'인 것처럼 착각할 정도로 너무 아름답고 소중한 삶의 자산과 가치를 만들어 가는 학교여서 좋다. '교육은 삶을 위한 것이다.', '교육은 통합적이다.'라는 맥락과 맞닿아 있어 '내 인생의 모든 기본은 이야기학교에서 배웠다.'라는 고백이 충분히 나올 수 있는 제자들이 많이 배출될 것 같아 이 시대와 민족, 한국 교회에 기대가 되고 소망이 보인다. 이야기학교는 해마다 새로운 이야기를 제공하는 학교가 될 것 같다.

▎**신병준** _ 전 좋은교사운동 이사장, 소명교육공동체장

배움은 경험이고 이야기이다.

대안 교육의 의미는 다양하다. 우리에게 필요한 교육은 모두 대안 교육이라 할 수 있다. 특별히 우리 공교육이 가지고 있는 획일성을 생각해 본다면 대안 교육은 우리 교육의 문제를 넘어 대안을 제시한 교육이라고도 할 수 있다.

아이들의 인생을 위한 배움보다는 입시 중심의 교육이 우리 교육의 전부인 것처럼 느낀다. 우리 교육의 현실은 경쟁 구도에 느낄 수 있는 황폐한 공간이 되어 있다. 행복을 위한 교육이 현재의 배움의 행복을 희생하도록 강요하는 공간이 되고 있다. 우리의 아이들을 위한 행복을 위한 교육 공간, 삶을 풍성하게 하는 학교는 어디에 있는 것인가?

샬롬 대안 교육 센터는, 교육은 문화의 산물이라는 이해를 바탕으로 교육과 문화, 교육과 삶의 지향을 이해하기 좋은 북유럽과 북미의

학교 현장 방문을 수년째 이어오고 있다. 사실 우리 교육 현장에서 함께 향유하며 배움의 생각을 만들어갈 교육을 위한 문화적 바탕이 열악하다. 2014년부터 센터는 삶이 지향하는 가치를 학교 교육의 문화로 선순환되는 사례를 보기 위해 북유럽과 북미의 교육 현장 방문 연수를 진행하고 있다. 우리가 지향하는 대안 교육을 위한 상상력을 제고하고 대안 학교를 통한 이 사회에 대한 도전을 기대하면서 여러 기독교 대안 학교들의 교사들과 현장 연수 그룹을 형성하여 매년 진행하고 있다.

사실 교육은 문화로 만들어야 하는데, 우리의 대안 학교들은 문화적 기반이 부족한 가운데 거룩한 가치를 지향하는 학교를 만들고, 학교를 통해서 문화를 만들기 위해 엄청난 도전을 감행하고 있다. 강한 물살이 떨어지는 폭포를 역류하는 연어와 같이 강력한 세속주의적 교육의 물결에 대면하여 샬롬을 향한 대안 교육으로 도전하고 있다. 우리가 새롭게 만드는 작은 물결이 우리 교육에 진정한 대안으로 자리 잡고, 우리 교육을 위한 중보자로 우뚝 서길 간절히 기대한다.

교사는 자신과 이야기하며 학생들과 관계를 만들어가는 사람이다. 이러한 관계 만들기를 통해서 세계관을 형성하고 문화를 만들어 간다. 다음 세대를 위한 축복의 통로가 되는 학교가 되기 위해, 학교는 공동체적인 기독교 학교이어야 한다.

"삶을 위한 교육, 이야기학교"는 삶과 문화, 그리고 교육 과정에 이르기까지 대안 학교로서의 우리 교육에 대한 도전과 모험이 담긴 교육 과정을 이야기로 풀어내고 있다. 교사 공동체가 우리 교육의 내적인 경험과 기독교 문화를 바탕으로 한 북유럽 기독교 학교의 현장 연수에서 얻은 배움을 "이야기학교의 문화 만들기" 프로젝트 과정을 통해 보여 주고 있다. 해외 현장 연수를 기획하고 진행한 스텝의 입장에서 이야기학교의 이 프로젝트가 참으로 감사하다. "삶을 위한 교육, 이야기학교"가 우리의 대안 교육에도 샬롬을 위한 교육으로 나아가도록 격려할 것으로 기대된다.

한국에서의 "기독교 학교 하기"는 맨땅에 헤딩하는 것과 같고, 광야에서 울창한 정원을 그리는 것과 같다. 교육의 경험과 문화도 없는 가운데 기독교 대안 학교가 제대로 된 정체성을 형성하는 것은 쉬운 일이 아니다. 이 책은 우리의 부족함을 극복하도록 새로운 아이디어를 주는 안내서가 될 것이다. 기독교 대안 교육의 운동으로 "교육이 왜곡된 이 땅에 교육을 새롭게 세운다."는 것은 계란으로 바위치기다. 이 일을 소명으로 생각한다면, 우리의 일은 그냥 그것을 소망하면서 묵묵히 그 자리를 지켜 내는 것이다. 그리고 그 대안을 언제나 모색하면서 더욱 일을 훌륭하게 만들기 위해 시도해야 할 것이다.

최근 우리에게 대두되는 기독교 학교의 탁월성과 관련하여 "하나님이 관심을 가지시는 것은 얼마나 훌륭한 일을 했느냐가 아니라 그 일을 얼마나 훌륭하게 했느냐 하는 것이다."라는 말을 새롭게 되새겨 보아야 할 때다. 학교로서의 전문성(성실한 기능과 역할)을 강력하게 요청받고 있다. 이 책이 학교 공동체의 자신들을 스스로 독려하고 샬롬을 위한 교육을 지향하는 동역하는 여러 학교에게도 도전이 되고 격려가 되길 소망한다.

늘 언제나 한결같이 그 자리에서 수고하시는 교장 선생님과 여러 선생님들께 깊은 감사와 함께 존경의 마음을 올린다. 개인적으로 포스트 코로나 시대에 샬롬을 위한 교육 운동을 지원하는 입장에서 이 책이 격려가 되었음을 고백한다.

마병식 _ 인수초등학교 교사, 기독교 대안 교육을 위한 센터 샬롬대안교육센터 사무총장

목차

글머리 • 5
추천사 • 9

1부 • 교육은 문화로 한다

1. 이야기학교 : 북유럽식 삶을 위한 교육 • 25
2. 부모, 교육 구성원으로 참여하기 • 36
3. 교사가 교재가 되는 교사 교육 • 46
4. 커뮤니티 기반 수업 : 더 나은 사회를 만들어 가는 감각 키우기 • 55
5. 샬롬의 관점으로 관계 회복에 중점을 두는 '회복적 생활 교육' • 62
6. 전인적 & 공동체적 평가 • 74

2부 • 교육은 삶을 위한 것이다

1. 사고력을 길러 주는 국어 • 87
2. 삶을 위한 준비, 사회 • 101
3. 경험으로 배워 가는 역사 • 111
4. 의사소통 중심의 영어 • 124
5. 교구 활동, 논리 사고력 중심의 수학 • 137
6. 탐구력과 논리력으로 세상을 바꿔 가는 과학 • 148

3부 • 교육은 통합적이다

1. 진로 : 어떤 사람? 어떤 삶? • 165
2. 신실함 워크숍, 환경 생태를 담다 • 176
3. 평화 : 더 밝은 사회를 위한 삶 • 186
4. 여행은 삶을 교육한다 • 195
5. 프로젝트, 미래 역량 기르기 • 206
6. 프로젝트와 놀이를 기반으로 한 역량 중심 컴퓨터 • 223

글 맺기 • 233

1부

교육은 문화로 한다

"시골 작은 학교에서 교장 선생님이 최선을 다하고 있어요. 학교 예산도 풍부합니다. 아이들은 많은 것들을 제공받고 있어요. 그런데 문제는 아이들이 그 속에서 성장하지 않는다는 겁니다. 학교는 다양한 콘텐츠를 소비하고 있을 뿐입니다. 교육부-교육청-학교로 이어지는 교육을 바라보는 인식의 한계 때문에 이런 문제가 발생했어요."

이야기학교를 방문한 한 부모의 이야기이다. 한국 사회 속에서 '교육'을 어떻게 변화시켜야 할까? 많은 것을 풍부하게 지원하는 것이 해결책일까? 이것은 근원적인 해결책이 아니다. 교육을 바라보는 관점의 전환이 필요하다. 요새 유행하는 '한 아이를 기르기 위해 온 마을이 필요하다.'는 말처럼 건강한 문화들이 아이들의 일상생활로 스며들어야 한다.

그렇다면 한 아이를 기르기 위해 온 마을이 필요하다는 것을 학교 현장에서 어떻게 풀어 갈 수 있을까? 그 답으로 1부에서, 교육은 가르치는 것이 아니라 '문화'로 한다는 것을 이야기하려 한다. 우리 사회에서 교육은 '교과서를 가르치는 것', '수업 시간'으로 한정하여 이해한다. 그러나 교육은 학교에서 생활하고 이루어지는 모든 일련의 과정

그 자체이다. 이것을 실현하는 것이 교육의 본질을 회복하는 것이다. 이야기학교의 노력들은 일상에서 일어나는, 보이지 않는 교육 과정들에 잘 묻어 있다.

이야기학교는 '삶을 위한 교육'을 한다. '삶을 위한 교육'은 삶을 살아가기 위한 성장을 지향한다. 직접적인 삶 속에서 배워야 한다는 의미이기도 하다. 한 아이의 삶을 구성하는 사람들은 부모이고, 교사이며, 주위 학생들이다. 이들과 함께 건강한 교육을 위한 문화를 만들어가는 이야기를 풀어내려 한다.

교육의 주체인 부모가 교육 구성원으로 다양한 교육 분야에 함께 참여하는 것은 굉장히 중요하다. 그런 면에서 이야기학교는 주요 현안 논의, 학교 홍보, 교육 과정 참여, 학교의 필요를 함께 만들기, 인턴십 제공 등 많은 영역을 부모와 함께하고 있다. 무엇보다도 부모의 참여는 강력한 교육이 일어나게 한다. 아이들의 갈등을 줄이고, 아이의 마음에 자부심을 주기도 한다. 학교만으로 이룰 수 없는 영역들이 부모들의 역량으로 메꾸어진다. 그것을 허용할 수 있는 학교의 공간 만들기가 필요하다.

아이들은 학교생활 대부분을 교사와 함께한다. 그런 점에서 학생이 경험하는 학교의 문화는 교사가 주도한다고 볼 수 있다. 교사의 행복은 학교 문화에 긍정적인 영향을 미친다. 교사의 행복은 '학교 안에 좋은 가치 교육과 교사 간 배움의 공동체가 이루어졌는가'에 달려 있다. 교사 교육 파트에는 어떻게 교사가 마음으로 동화된 교육 공동체를 경험하며, 만들어 가는 것인가를 담아 내었다.

    북유럽 학교를 방문했을 때 사회적인 구조와 가치가 교육에 영향을 준다는 사실을 알게 되었다. 학교의 교육 방향과 문화는 학교를 둘러싸고 있는 지역 사회와 연결되어 있다. 담으로 둘러 쌓여 있는 것 같지만 담 밖에서 요구하는 것에 따라 학교 안의 교육이 이루어지고 있는 것이다. 이야기학교는 그 담을 넘어서기로 했다. 아니 담 자체를 없앴다. 그리고 사회의 어른들과 좋은 기관들을 만나며 커뮤니티를 이뤄 가고 있다.

    더불어 '삶을 위한 교육'은 학교의 생활 교육과 평가를 통해 문화로 만들어진다. 학교의 생활 교육이 '통제', '관리' 중심이면 학교는 경직된 분위기와 문화가 지배한다. 이야기학교는 학교생활 교육을 살롬의 관점으로 '회복'하는 것에 초점을 맞추었다. 또한 수평적 관계 문화를 매우 중요하게 여기며 만들어 왔다. 이 문화는 평가까지 이어진다. 이야기학교는 아이들의 마음을 굳어지게 하는 학습 중심 평가를 탈피하였다. 평가의 전환은 한국 교육에서 혁명적이다. 평가는 곧 교육 과정과 방법, 목적까지 결정하기 때문이다.

    이야기학교는 구성원과 지역 사회, 그리고 생활 교육과 혁신적인 평가 방식을 통해 문화로서 교육하는 현장을 만들어 왔다. 그 이야기를 1부에서 부분별로 자세히 말하고자 한다.

1. 이야기학교 : 북유럽식 삶을 위한 교육

| 장한섭 |

한 학교의 교육 전체를 설명하는 것은 무척 어렵다. 마치 살아있는 생명체 같기 때문이다. 그러나 작성자의 한계를 인식하며 새로운 교육 실험을 정리하는 것은 의미 있는 작업이다. 또 다른 교육 실험에 도전을 줄 수 있기 때문이다.

이야기학교는 2009년 12월 7일에 초1~중3을 대상으로 한 방과 후 과정으로 첫걸음을 떼었다. 실험 학교처럼 만 2년 동안 '샬롬을 누리고 만들어 가는 공동체적 교육'의 기초를 만들었다. 당시 방과 후 과정은 공교육의 보조적 특성이 많았다. 하지만 이야기학교는 자체 교육 철학을 정하고 그에 따라 교육 과정, 교육 평가, 생활 교육을 만들기 위해 노력했다.

2013년 중등 전일 과정, 2014년 초등 전일 과정을 차례로 개설하였다. 이 시기에 한국적 기독교 대안 교육의 방향을 찾기 위해 노력했다. 2014년 북유럽 자유 학교 탐방 연수를 다녀오며 교육 과정의 방향을 명확히 했다. 가장 어려웠던 것 중 하나가 평가 방식을 결정하는 것이었다. 뉴질랜드 공립 교육을 보고 공동체적이고 전인적인 평가를 확정했다. 2015년 북미를 방문하고, EC(Education Care)와 PBL(Project Based Learning)을 통해 상호 협력적이고 사회 참여적인 교육 과정을 도입했다.

교육은 가치와 문화가 담긴 삶을 위한 것이라는 생각으로 생활 교육을 학교 전반에 뿌리내리기 위해 노력했다. 2017년 클리블랜드에 회복적정의 연수를 다녀오며 이야기학교의 회복 교육을 더 단단하게 만들어 갔다.

학교를 세워갈 때 무엇보다 연대의 필요가 절실했다. 한국 기독교 대안 학교 연맹에 참여하고, 서울 기독교 대안 학교 연합회 활동을 했다. 대안 교육 연대와도 교류하고 서울 지역 대안 교육 협의회와도 대화를 했다. 그리고 다양한 지역 네트워크를 만들어 도시 공동체 교육을 그려 가고 있다.

다음 세대 교육, 미래 교육에 관한 사회적 담론에도 주목하고 있다. 교육은 본래 가치를 가지고 있으면서 시대의 변화를 수용해야 하는 과제가 있다. 지금까지 국내외 100여 개 학교를 방문하며 배워 가고 있다. 특히 코로나19 상황에서 알게 된 '생명 교육'의 중요성을 인식하고 교육에 반영해 가는 중이다.

이야기학교 교육 지향점 3가지

12년 동안 이야기학교가 찾았던 교육 지향점은 다음 3가지로 요약할 수 있다.

첫째, 회복 교육 : 이야기학교의 교육은 본질적인 교육을 지향한다. 시대 변화에도 교육의 본질은 변하지 않는다. 교육의 원형이 있고, 그 원형을 추구하는 것이 회복 교육이다. 누구나 공감하는 교육의 본질은 사람을 키우는 것이라는 점이다. 그 안에는 3가지가 포함된다. 하나는 사람됨, 인성 혹은 성품이다. 둘은 삶의 가치관이다. 삶을 어떻게 살아야 하는가를 정립하는 것이다. 셋은 자기의 재능을 알고 길러 사회를 섬기는 것이다.

둘째, 생명 교육 : 이야기학교 교육은 기독교 가치에 따른 교육 원리를 지향한다. 기독교 가치, 곧 샬롬의 원리가 건강한 교육을 하게 할 뿐 아니라 교육 자체도 건강하게 한다. 샬롬은 개인, 사회, 생태 환경이 연결되어 있다는 점을 인식하게 한다. 따라서 생명 교육은 모든 것이 함께 번영하는 삶을 추구하도록 한다.

셋째, 삶의 교육 : 이야기학교 교육은 공동체 교육을 지향한다. 교육은 전인격을 성장시키는 것이기에 구성원의 상호 영향은 필연적이다. 어른들과 기관들 속에서 아이들은 자란다. 건강한 사회에서 자란 아이들은 건강한 사회 구성원이 된다. 곧 함께 살아가는 삶의 교육이 이루어진다.

'평화를 누리고 만들어 가는 공동체 교육'이라는 교육 철학은 이 세 가지의 지향점을 담고 있다. 또한 이 세 가지의 철학은 교육 과정에 적용되어 초등은 '다양한 경험을 통해 씨앗이 발현되고, 전인적 성장이 이루어지는 교육 과정', 중등은 '자기 정체성을 형성하고 진로를 설계하는 교육 과정'으로 정착되었다.

이야기학교의 교육 과정은 공교육 교육 과정이 60%, 자체 교육 과정이 40% 정도로 구성되어 있다. 일반적인 교과목에서 교사의 수업 권한이 강하다. 교재 선정과 수업 과정 설계, 수업 방식에 있어서까지 전적으로 교사의 권한이다.

이야기학교 7가지 교육 특성

교육 과정은 해를 거듭하며 다듬어져 다음과 같은 이야기학교 7가지 교육 특성이 만들어졌다. 이 안에 이야기학교의 교육 방법도 포함되어 있다.

① **내적 안정성** : 한 아이의 성장과 관계, 진로를 위해서는 내적 안정성이 무엇보다 중요하다. 이를 위해 필요한 것은 존중의 문화를 만드는 것이다. 존중의 문화는 자기 자신이 드러나고, 자기 자신이 될 수 있도록 돕는다. 이것은 회복적 정의 생활 교육의 바탕이 되기도 한다. 이야기학교에 들어오는 순간 아이들은 다른 문화를 경험한다.

② **관계 교육** : 기독교 교육의 중요한 특성 중 하나가 관계이다. 학교

구성원 모두의 관계이다. 교사와 교사, 교사와 학생, 교사와 부모, 학생과 학생, 학생과 부모, 부모와 부모의 관계가 교육의 기반이 된다. 관계 역량은 이웃 사랑의 기초가 된다. 관계는 관계를 통해 배울 수 있다. 특히 관계는 한 개인의 인격과 성품을 다듬어 준다. 그리고 관계는 상호 배움의 문화를 형성한다.

③ **교육 공동체**(교육 생태계) : 한 아이는 좋은 어른들과 사회 속에서 성장한다. 모든 것이 아이의 성장에 영향을 준다. 어른은 아이들에게 교육적 행동을 하고, 교육적 삶을 보여 주어야 한다. 지역 구성원은 사회가 아이에게 미치는 영향을 알고 있어야 한다. 이야기학교는 좋은 어른과 기관들을 연결하는 교육을 만들어 왔다.

④ **여백의 교육** : 교육은 아이가 자신이 되고 자기 삶을 살도록 배경을 만들어 주는 것이다. 아이는 너른 공간에서, 여유 있는 시간 속에서, 세밀하게 짜이지 않은 교육 과정 속에서 자신만의 색깔과 모양을 실험하며 자기 삶을 만들어 간다. 어른은 아이들에 대한 믿음을 가지고 잠시 뒤에 서 있어 주면 된다. 아이들은 자라고 있다. 그것이 어떻게 일어나는지 모든 것을 설명할 수는 없다. 아이마다 자신만의 속도, 자신만의 특성에 따라 성장하기 위해서는 여백이 있어야 한다.

⑤ **자기 이해와 진로 교육** : 북유럽의 교육은 9학년까지 'WHO AM I?'

에 초점을 두고, 12학년까지 'HOW TO LIVE?'에 관심을 갖는다. 내가 누구인지 알기 위해서 자유로운 내가 될 수 있는 공간이 있어야 한다. 그 속에서 드러난 자신을 성찰하는 것이 '자기 이해'이다. 자기를 이해하기 위해서는 다른 사람이 거울이 되어 반영해 주는 것 또한 필요하다. 자기 성찰과 타인의 거울 반응 곧 피드백을 통해 자기를 이해하면서 자기 삶의 방향을 찾아간다. 단순히 직업 찾기가 아니라 '어떤 사람이 될 것인지!', '어떻게 살아갈 것인지!'를 만들어 간다.

⑥ **경험을 통한 교육** : 삶을 위한 교육은 삶을 통해 배운다. 이야기학교는 공간과 시간, 관계를 학교 울타리 넘어까지 확장한다. 많은 여행 캠프가 아이에게 다양한 경험을 제공한다. 수업 또한 방향과 목표는 명확하게 하되, 빈 곳을 만들어 주어야 한다. 아이들은 직접 경험하면서 자기 나름의 방식을 취득하기 때문이다. 삶의 교육은 직접 부딪히면서, 삶의 현장에서, 빈 곳에서, 자기 나름대로 내적 세계와 삶의 실제적 기술을 획득해 나가는 것이다.

⑦ **배움의 과정** : 배움을 배우는 것이 교육이라고 말한다. 스스로 지식 정보를 찾을 수 있고, 정보를 가공하여 자신의 이야기로 소화해 내고, 자기 안에 있는 세계를 표현해 낼 수 있는 과정을 익히는 것이다. 이것이 자기 교육의 의미이다. 아이들은 개인의 프로젝트를 수행하며 배움의 방식을 익히게 된다. 또한 팀 프로젝트를 통하여 배움이 관계

방식으로 만들어진다는 사실을 알게 된다.

교육 방향을 결정짓는 평가

이야기학교의 교육 철학은 교육 특성과 교육 평가에 깊이 스며들어 있다. 평가는 4주 이상의 고된 시간이 걸리는 또 하나의 교육 과정이다. 그리고 가장 아름다운 순간이기도 하다.

이야기학교의 평가는 학기 시작에 성취도 계획서를 작성하는 것으로 시작된다. 성취도 계획서와 학교생활을 바탕으로 학기 중에 담임 교사와 두 차례 상담을 한다. 교사에게 평가 방식과 과정을 모두 일임한다. 학기 말 평가에는 모든 구성원이 참여한다. 학생 스스로 평가하고, 친구 평가를 받고, 부모도 평가에 참여한다. 평가 자료를 모아 학생 개개인별 면담 평가를 진행하고, 종합적인 자료를 가지고 부모와 면담을 한다. 이야기학교 평가는 다음 3가지의 특성으로 요약할 수 있다.

첫째, 개개인성 평가 : 이야기학교의 평가는 한 인격체를 중심으로 하고 있다. 개개인의 특성을 파악하고, 한 학기 성장에 주목한다. 학교생활만이 아니라 가족 관계까지 파악하여 한 아이를 이해하려 한다. 개인의 배움 속도와 특징을 알고 그에 따라 조율한다. 아이의 의견을 존중하고, 부모와의 합의를 통해 개별적으로 접근한다.

둘째, 공동체 평가 : 구성원 모두가 평가에 참여한다. 재능 기부 선생님까지 평가서를 작성한다. 친구들에게 받는 평가에는 선생님이 알지 못하는 모습까지 담겨있다. 부모 평가를 통해 가정 안에서의 모습을 이해할 수 있다. 한 교사의 시각이 아니라 10명이 넘는 교사의 시각이 합쳐지기에 한 존재를 총체적으로 볼 수 있다. 평가에서 모든 구성원이 동의할 수 있어야 한다는 원리를 구성원들의 참여에서 얻을 수 있다.

셋째, 입체적 평가 : 먼저, 다면 평가를 진행한다. 쪽지 시험, 단원 평가, 발표 과제, 팀 프로젝트, 기말 평가, 면담 평가까지 다양한 평가 방식을 활용한다. 부모는 한 학기 성취도 결과를 읽고 "우리 아이가 홀로그램처럼 눈앞에 있는 것 같아요."라고 말한다. 이야기학교 평가는 시간적인 연속성에서 한 아이의 성장을 누적한다. 아이마다 성장의 역사를 가지고 있다. 그 역사가 바탕이 되었을 때, 글로 적힌 평가 외의 것들을 해석할 수 있다.

교과 교육보다 더 중요한 회복적 생활 교육

이야기학교의 교육 철학은 생활 교육에 잘 드러나 있다. 보통의 생활 교육은 주로 잘잘못을 따져 벌하는 것이다. 갈등과 폭력을 해결하기 위한 다른 방식의 접근으로 회복적 정의 생활 교육에 관심을 가졌다. 이야기학교에서 생활 교육은 아이와 생활하는 모든 것을 의미한다. 아침에 아이들을 맞이하는 모습, 수업 중 질문에 반응하는 것, 쉬는 시간 아이들 사이의 놀이, 점심 식사 시간, 의사소통하는 방식, 의사 결정과 약속을 지키는 것, 갈등을 해결하는 대화 모임의 과정, 부모님과 아이에 관해 이야기하는 것, 교육 활동을 만들고 행하는 것 등이 생활 교육이다. 가르침의 모습이 일상생활에서 실천될 때 교육이 제대로 이루어진다. 가르치는 교사의 말대로 교사가 아이를 대할 때 제대로 교육이 된다. 아이에게 '그래야만 한다.'라고 말하는 것을 학교가 '그렇게 하는 것'이 참 교육이다.

회복적 생활 교육을 하는 첫 번째 방법은 수평적 관계를 만드는 것이다. 모두가 안전하다고 느끼는 분위기, 존중하는 분위기가 되면 서로 연결이 일어난다. 그리고 신뢰가 만들어진다. 학교 구성원의 관계가 신뢰를 기반으로 하게 되면 서로 살아가는 부딪힘이 줄어든다. 함께 살아가는 동안 우리는 끊임없는 갈등을 함께 해결해 가야 한다. 그 속에서 아이 한 명을 위해 모두가 참여하고 노력한다. 교사들은 아이에 관한 많은 정보를 공유한다. 부모들과는 의견을 나눈다. 아이에게 성장의 시간이 필요하면 그 시간을 기다린다. 이야기학교의 생활 교육 문화는 학교 설립부터 일관된 방향으로 노력해온 결과이다. 회복적 생활 교육은 대안적인 학교 문화를 만들어 주었다.

본질을 찾는 4가지 교육 고민

이야기학교 교육은 12년 동안 '한국 기독교 대안 교육'이라는 네 단어에 집중하며 학교를 성숙시키려 했다.

첫째, '한국'에서의 대안 교육은 무엇인가? 한국의 공교육 특성과 한국 사회 토양을 살펴보며, 장점을 흡수하고 단점을 개선해 나가려 노력했다. 입시 중심의 성적 지상주의가 가진 폐해를 어떻게 벗어날 것인지 고민했다. 많은 양의 교재를 암기하고 획일적 틀에 갇힌 교육을 어떻게 극복할 것인지 방법을 찾으려 했다.

둘째, '기독교'의 가치가 어떻게 사회적 공공성과 연결될 수 있는가? 흔히 말하는 이원론적인 기독교는 종교 활동의 경건과 사회생활의 참여를 분리한다. 그러나 기독교는 예수님의 정신으로 살아가되 창조된 모든 것과 더불어 살아간다. 나 자신, 이웃, 삶의 영역에서 신실함을 가지고 살아감으로써 사회적 공공성과 맞닿을 수 있다.

셋째, '대안성'을 가진 교육은 무엇인가? 대안을 만든다는 것보다 본질을 추구한다는 것이 더 적절할 것이다. 교육의 본질이 무엇인가를 찾는다. 그것은 삶의 교육으로 일컬어지기도 하고, 인간됨의 교육이라 말하기도 한다. 결국 교육의 본질은 사람에 대한 이해부터 시작한다는 사실에 직면한다.

넷째, '교육'은 무엇인가? 대안 교육도 학교라는 틀에서 한다는 것이다. 학교가 가진 고유의 특성을 무시한 교육은 위험하다. 기본적으로 교육 철학, 교육 과정, 교육 평가가 있다. 부모, 학생, 교사가 있다. 교육 환경과 재정 운영이 있다. 기존의 틀과 다른 형태일 수 있지만, 이 모든 것이 균형을 이루어야 한다.

교육은 사회 구조 속에서 일어나는 것이다. 사회 변화는 교육 변화를 요구한다. 재미있는 사실은 사회 변화를 말할 때 반드시 교육 변화를 다룬다는 것이다. 그리고 교육 변화의 첫걸음은 '교육이란 무엇인가?'에 대답하는 것이다. 그렇다 보니 교육 변화에 대한 줄인 답은 '본질로 돌아가자'이다.

 교육의 본질 찾기는 결국 사람과 삶에 관한 질문으로 이어진다. '사람은 무엇인가?', '삶은 무엇인가?' 그래서 사람과 삶에 관한 사상을 공부하게 된다. 동서양의 사상가들을 만나며 이해하는 만큼 교육의 본질 찾기라는 숙제가 조금씩 풀린다. 그리고 이야기학교는 사람과 삶의 근원적 답이 성경에 있다고 믿는다. 성경을 더 잘 이해하기 위해 다양한 사상가들의 이야기에 귀를 기울이며 계속 걸어간다.

❷ 부모, 교육 구성원으로 참여하기

| 백선미 |

이야기학교는 교육의 본질 찾기를 기독교 가치에 두고 있다. 먼저 가정, 교회, 학교가 샬롬의 생태계를 만들어 공동체로 교육을 한다. 여기에 건강한 지역 사회의 어른과 기관을 찾아 네트워크를 만들어 간다. 우리는 자녀 교육의 주체를 학교나 국가로 보지 않고 부모라고 여긴다. 이 점은 학교 입학 과정부터 부모가 함께 설명을 듣고 동의해야 하며, 학교의 다양한 활동과 연수에 협력하는 것으로 실현되기 때문이다. 따라서 아이만 입학하는 것이 아니라 부모도 교육 공동체를 이루어야 한다. 공동체성을 만들어 가기 위해선 같은 경험을 통해 함께함의 체험을 쌓아 가야 한다. 같이 즐거워하고, 같이 힘들어하고, 같이 감사하는 순간들이 쌓일 때 공동체성은 강화된다. 한마디로 서로 자주

만나야 한다.

2014년부터 북유럽 탐방을 통해 가정-교회-학교의 생태계가 형성되고 있다는 것을 확인하였다. 가정, 교회, 학교가 교육을 위해 각 영역의 역할을 책임지고 맡아 충실히 수행하는 것뿐만 아니라, 상호 간에 긴밀히 협력하고 있었다. 또한 2015년 북미 탐방을 통해 이사회에 졸업생 부모가 참석하는 모습을 볼 수 있었다. 한국에서는 부모의 영향 때문에 대안 교육이 변질되고, 인가받은 후에는 교사의 영향 때문에 대안 교육이 변질된다는 이야기가 자주 들린다. 그러한 상황 속에서 이상적인 교육이 무엇인지 탐방을 통해 직접적으로 볼 수 있었다. 이러한 경험을 밑바탕으로 이야기학교는 2015년부터 부모 협력을 통한 건강한 교육 생태계를 만들어 가기 시작했다. 지금까지 그 걸음들이 쌓여 이야기학교 교육 생태계를 만들었다.

기독교 교육의 주요한 특성 중 하나는 '관계'이다. 학생 간의 관계, 교사와 학생 간의 관계, 교사 간의 관계도 중요하지만, 학생과 부모, 부모와 학교와의 관계까지 원활해야 한다. 그 속에서 아이들은 자신을 편안하게 드러내며 성장할 수 있다. 이를 위해 우리는 건강한 교육 공동체(교육 생태계)를 만들어야 한다. 한 아이의 성장은 좋은 어른들 속에서 이루어진다. 이야기학교는 한 학생을 중심으로 교육 공동체를 이루어가기 위해 노력해 왔다. 이야기학교에서 부모와 협력하며 공동체를 만들어 간 몇 가지의 사례를 소개한다.

공동체성이 깊어져 가는 가족 캠프

가족 캠프는 1박 2일 동안 이야기학교 재학생의 부모, 학생, 형제, 자매까지 온 가족이 함께 모이는 캠프이다. 이 시간을 통해 학교와 가정이 연계하여 공동체적 샬롬을 누리는 경험을 한다. 아이들이 가장 기다리는 캠프이자, 이야기학교에서 가장 많은 구성원이 참여하는 캠프이다. 가족 캠프 내내 곳곳에서 이야기학교 가족들은 서로를 소개하고 인사하며 이야기를 나눈다. 온 가족이 함께 있기에 각 가정의 구성원, 부모님의 얼굴 등을 익히는 기회가 된다. 새로 입학한 가정도, 이야기학교에 오래 함께 한 가정도 편안하게 만나며 관계를 맺을 수 있는 시간이 곳곳에 배치되어 있다. 프로그램뿐만 아니라 휴식 시간도 공동체성을 높이는데 굉장히 중요하다. 가족끼리 넓은 자연에서 산책을 하기도 하고, 가정마다 가지고 있는 고민을 나누며 하나의 공동체가 되어 간다. 서로의 삶을 나누고 공유하는 동안 공동체성은 점점 깊어져 간다.

가족 캠프는 학교와 가정이 협력하는 장이기도 하다. 학생이 속한 가정과 함께 시간을 보내며, 학생과 그 가정을 더욱 깊이 알아간다. 가정 또한 자녀가 다른 아이들과 어떻게 어울리는지, 다른 가정과 어떤 관계를 맺고 있는지를 볼 수 있는 기회가 된다. 가정과 학교가 학생을 더욱 폭넓게 볼 수 있는 장이다. 또한 가정과 학교가 소통하는 장이 되기도 한다. 휴식 시간을 통해 교사와 부모가 만나 학생에 대해 논의하고 공유하는 시간을 갖는다. 이전 학기에 협력해서 돕기로 한 부분들이 어떻게 진행되고 있는지, 어려움은 없는지, 학교와 가정에서의 모습은 어떤지 서로 묻고 대화를 나눈다. 이 시간을 통해 가정과 학교가 한 학생의 교육을 위해 더욱 긴밀히 협력한다.

가족 캠프는 좋은 양육에 대한 동기 부여가 되는 나눔의 장이다. 두 번째 날에는 초등, 중등 과정별로 대화 모임을 하는 시간이 있다. 그 시간에는 학교에서 아이들이 하는 것처럼 순서대로 돌아가며 부모와 가정에 관한 이야기를 나눈다. 부모로서의 소감을 나누기도 하고, 양육을 하면서의 어려움을 나누기도 한다. 학교생활 가운데서 관계나 학업에 대한 궁금증을 자유롭게 나누기도 한다. 이야기학교에 오래 다닌 학생을 둔 부모부터, 신입생 부모, 청소년 학생을 둔 부모부터, 어린 학생들의 부모까지 다양한 구성원이 한자리에 모인다. 신입 부모들이 궁금해하는 점에 대해 앞서가는 선배 부모들이 자신의 경험에 빗대어 조언을 해 주기도 한다. 자녀를 양육할 때의 어려움을 서로 나누고 알아 주는 것 자체가 부모들에게 위로가 된다.

'우리 가족 하나님 나라 만들기' 프로젝트를 진행하여 가정의 문화를 만들어가는 시간을 가지기도 한다. 이야기학교에서 진행하고 있는 프로젝트를 소개하고, 기독교 가치에 따라 건강한 가정을 만들어 가기 위한 프로젝트를 직접 계획한다. 학교에서 배운 대로 아이들이 주도적으로 대화 모임을 진행하면서 아이디어를 구체화한다. 가정의 상황과 특성에 따라 다양한 프로젝트들이 나온다. 가정이 함께 모여 요리하는 프로젝트, 가정 예배를 드리는 프로젝트, 가족이 좋아하는 걸 같이 하는 프로젝트 등, 가족이 함께 교류하고 협력하는 시간이 만들어진다. 서로의 프로젝트를 살펴보며 건강한 양육에 대해 도움을 받고 동기 부여를 받는다. 후에 가족 밴드에 계획을 실행하는 모습을 게시하여 다시 실천해 볼 수 있도록 도전하는 마음을 불러일으킨다.

소통과 협력의 장, 가족 밴드

2014년에 이야기학교 가족 밴드가 만들어졌다. 이야기학교 재학생 부모라면 누구나 밴드에 가입할 수 있다. 졸업생도 졸업 후에 가입하여 밴드 활동에 함께 참여한다. 밴드를 처음 시작하게 된 건, 학교 행사와 일상의 모습을 담은 사진들을 부모들과 공유하기 위해서였다. 그 속에서 부모들이 댓글을 달기도 하고, 교육에 대한 글을 올리기도 하며 다양한 나눔이 이루어져 가는 소통의 장이 되길 기대하며 시작했다. 이야기학교 밴드는 지금도 여전히 부모들과 학교가 소통하는 협력의 장이 되고 있다.

학교에서 진행 중인 수업 사진과 내용, 수업을 통해 기대하는 바, 수업을 통해 아이들이 배운 점, 아이들의 수업 소감 등을 정리해서 올린다. 부모들은 댓글로 수업에 대한 소감과 생각을 올린다. 그 속에서 밴드가 주는 소통과 협력의 의미, 가치가 더욱 확연히 드러난다. 가장 활발하게 댓글이 달리는 글은 '캠프'를 주제로 한 글이다. 캠프를 진행할 때 캠프 사진과 소식을 매일 밴드에 올린다. 부모들은 캠프 속에서 아이들이 즐겁게 지내는 모습, 성장하는 모습을 접한다. 그리고 마음을 담아 자녀들을 향한, 때로는 선생님들을 향한 댓글을 올린다. 댓글들은 캠프 아침에 조별로 말씀을 나눌 때 함께 읽는다. 재치 있는 개그에 같이 웃기도 하고, 그 마음을 알기에 같이 눈물짓기도 한다. 그 시간 또한 이야기학교의 함께하는 문화가 되었다.

2015년에는 부모들의 요청으로 공지 밴드를 하나 더 개설하였다. 이 밴드는 학교의 공지 사항을 올리는 밴드이다. 공지 내용과 소식이 함께 업로드되었을 때 공지 내용을 놓치는 것을 최소화하기 위해 운영하기 시작했다. 가정과 학교의 행사, 주요 사항들을 소통하는 데 효과적으로 활용하고 있다. 매주 금요일마다 다음 주 학교 행사 및 수업, 준비물 등을 정리한 주간 알림이 공지된다. 가정이 함께 과정별 주요 행사에 참여하고, 아이들과 협력할 수 있도록 안내하고 있다. 종종 샬롬 농사에서 아이들이 수확한 농작물을 판매하는 공지를 하기도 한다. 또한 대안 교육 기관과 관련한 토론회, 협의회 등 부모님들이 함께 참여할 수 있는 행사를 안내하기도 하고, 교육부의 법제화와 지자체의 정책에 관한 부모의 협력을 요청하기도 한다.

교육에 대한 시야를 확장하는 부모 연수, 부모 기도회

이야기학교는 학기마다 부모 연수 2회, 부모 기도회 2회를 진행한다. 부모 연수는 다양한 분야의 전문가들을 모시고, 다양한 주제의 교육과 사회에 관한 강의를 듣는 형식으로 진행된다. 부모 연수를 통해 기독교 교육에 대한 시야를 확장하는 기회를 얻는다. 또한 우리 가정과 학교를 기독교 가치로 건강하게 만들어가는 방법을 아이들처럼 끊임없이 배워간다. 지금까지 기독교 교육, 이야기학교의 철학과 교육, 가정에서의 하나님 나라, 양육 방법(페어런팅), 책 토론, 사회의 흐름, 공동체 등 다양한 분야의 주제로 강의를 진행했다. 강의를 듣고 끝나는 것이 아니라 가족 조로 원을 만들어서 모인다. 강의를 들은 소감과 가정과 스스로에게 적용할 점을 나누는 시간을 갖는다. 이 시간을 통해 다른 가정들의 생각을 이해하고 공유할 수 있으며, 생각의 폭을 넓히는 기회가 된다.

부모 기도회를 통해 기독교 교육 전체와 기대연에 속한 학교들, 각자 속한 교회와 교회 교육, 이야기학교의 교육과 학교 행사 및 운영, 교사, 공동체에 속한 가족, 아이들을 위해 함께 기도한다. 부모 기도회를 통해 이야기학교 구성원 모두가 하나의 기도 제목으로 한마음으로 기도하는 것 자체로 의미가 있다. 때로는 가족들의 동의를 구해 어려움을 당한 가족의 기도 제목을 함께 나누고 기도하기도 한다. 이 시간을 통해 서로의 어려움을 나누고 함께 기도하면서 진정한 공동체가 되어간다.

그 외 다양한 부모 협력

① 부모 오리엔테이션

첫째, 부모 입학 설명을 개별적으로 진행한다. 부모 입학 설명을 가정마다 진행하는 다양한 이유가 있지만 가장 중요한 이유는 학교에 대해 충분히 알 수 있도록 하기 위함이다. 입학 설명을 통해 학교의 교육 방향, 철학, 그리고 특성들을 자세히 설명하고 대화를 나눈다.

둘째, 신입생 부모들이 함께 모여 학교에 관한 설명을 듣는 오리엔테이션을 진행한다. 학교 철학, 특성뿐만 아니라 학생 마을 회의에서 결정한 규칙들도 공유한다. 후에 학년별로 담임 교사와 만나 학년별 특이 사항을 공유하고, 학교생활과 관련하여 궁금한 점들을 나눈다.

셋째, 매년 학교의 방향에 관해 설명하는 오리엔테이션을 진행한다. 이 자리를 통해 학교의 방향을 공유하는 것뿐만 아니라 부모들의 의견을 듣고 나눈다. 모든 부모 오리엔테이션에는 부모 모두 참석하여야 한다. 앞서 말했듯이 아이만 학교에 입학하는 것이 아니라 부모 또한 교육 공동체에 함께 하는 것이기 때문이다.

② 부모 모임

첫째, 학기 초마다 반별 부모 모임을 진행한다. 학기 초 부모 기도회 후에 반별로 모여 부모들끼리 인사를 나누고, 서로의 삶과 자녀들의 상황을 나누는 시간을 갖는다.

둘째, 회복적 대화 모임을 진행한다. 학생들이 대화 모임을 하듯이 부모 간에 대화가 필요한 경우에도 학교에 대화 모임을 요청할 수 있다. 대화 모임을 통해 서로 간의 속 깊은 대화를 나누고, 아이들을 건강하게 양육하는 방안을 함께 나눈다.

셋째, 학기 말에 진행되는 부모 면담을 통해 관계의 깊이를 더한다. 이 시간에는 자녀에 관한 이야기뿐만 아니라 학교의 전반에 관한 의견을 나눈다. 학생을 깊이 있게 이해하는 것과 더불어 부모와 학교가 더욱 긴밀하게 서로를 알아 가는 시간이 된다. 자녀의 모습을 깊이 들여다볼 때, 부모 자신의 모습을 들여다보는 성찰이 일어나기도 한다.

③ 교육 활동 참여

첫째, 교육 활동에 모든 부모가 참여한다. 내 아이의 졸업 입학식뿐만 아니라, 모든 졸업 입학식에도 참석하여 함께 축하하고 격려한다. 일 년을 마무리하는 축제에도 모든 부모가 함께 참여한다. 주차, 공연 안내, 방역 등 각 분야의 협력 사항들에 자원하여 축제 진행을 함께 돕는다.

둘째, 부모의 수업 참여로 학교가 개방된다. 부모들도 함께 말씀 서예 수업에 참여하여 교육 봉사를 하고, 학생들과 같이 배움에 참여한다. 또한 영어, 피아노, 연극 등의 수업을 개설하여 학생들을 위해 재능 기부를 하기도 하고, 진로 특강에 강사로 참여하기도 한다. 그뿐만 아니라 말하기 대회에 온라인, 오프라인으로 참석하여 학생들을 응원하고 격려하기도 하며, 샬롬 튜토리얼 발표에 참석하여 도움이 되는 피드백을 제공하기도 한다.

셋째, 부모 협력 위원회를 통해 중요한 학교의 사항을 협의한다. 매년 전체 부모들의 투표로 선출된 부모 협력 위원회를 통해 부모와 학교가 긴밀히 협력한다.

최근에는 부모 동아리 활동을 제안하고, 주도적으로 동아리 활동을 진행하는 움직임이 시작되었다. 또한 이야기학교만의 성장을 위한 관점을 넘어서 대안 교육의 발전을 위해 협력하고자 하는 움직임도 시작되었다. 대안 교육 관련 자료를 정리하고, 행사를 지원하는 부모들이 생겨나고 있다.

교육 생태계를 만들어 가기 위한 걸음들이 모여 현재의 이야기학교 교육 공동체를 이루었다. 수많은 만남과 대화가 현재의 '신뢰'를 형성했다. '신뢰'를 만들어가기 위해 때로는 부딪혀야 하고 때로는 서로를 이해해야 하며, 때로는 서로를 존중하려는 노력이 있어야 한다. 이러한 노력과 걸음들이 계속 쌓이고 쌓여 더욱 건강한 교육 생태계를 만들어 가길 기대한다.

③ 교사가 교재가 되는 교사 교육

| 곽수정 |

"교사가 곧 교육 과정이고 교재이다."라는 말처럼 교사는 교육에서 가장 중요하다. 그렇기에 교사의 배움은 끝이 없다. 교사는 아이들이 성장하기를 바라는 그 이상으로 성장해야 하고, 삶으로 보여 주어야 하는 만큼 모든 삶의 영역 속에 이야기학교가 추구하는 가치관과 교육 목적이 담겨 있어야 한다. 그것을 채워 주는 것이 바로 이야기학교의 교사 교육이다. 이야기학교는 결코 교사에게 편한 학교가 아니다. 끊임없이 교사가 성장할 수 있도록 격려하고 다양한 인풋(input)을 제공한다. 교사들은 그 속에서 함께 배우고 성장해 간다.

이야기학교는 설립 초기부터 교사 연수를 멈추지 않았다. 채용 면접에서부터 교사에게 요구하는 것은 관계의 핵심 요소인 성품과 배움의 태도이다. 교사 연수의 특징은 첫째, 보이는 연수와 보이지 않는 연수가 동시에 작동한다는 것이다. 보이는 연수는 매주 금요일에 진행되는 교사 스터디, 다양한 외부 콘퍼런스 등이 있다. 보이지 않는 연수는 교무실에서 아이들을 중심으로 하는 대화 문화가 형성된 것, 자연스러운 상호 피드백 문화 등을 예로 들 수 있다. 둘째, 모든 교사가 연수를 받는다. 교장과 행정 교사까지 연수에 참여하여 교육의 방향을 공유하고 성장에 동참한다. 셋째, 다양한 연수 체계가 있다. 주간 연수, 중간 연수, 학기 말 연수, 외부 연수(타 기관 및 해외), 교과 연수 등을 진행한다. 넷째, 한국식 이론 연수와 더불어 경험적 연수를 지향한다. 해외에서 들여온 연수들은 경험적 연수를 맛보게 해 주었다. 2014년부터 지속한 해외 탐방 연수는 경험적 연수를 직접 실천한 것이다.

보이는 교육 (구조화 된 교육)	보이지 않는 교육 (비구조화 된 교육)

• 내부 교육
- 신입 교사를 위한 오리엔테이션
- 회복적정의 교육, 여행 캠프 교육
- PBL, EC, 동료 교사 참관연수, 자체 스터디
• 외부 교육
- 기독교 대안 학교 연맹 콘퍼런스,
  기독교 학교 교육 연구소 콘퍼런스
- 교과별 필요 연수 : 몬테소리 수학, 영어,
                    드론, 로이독서 등
- 해외탐방 연수 : 북유럽기독교학교 탐방,
                  북미 학교 탐방
- 국내 학교 탐방 : 사랑방 공동체 등
	• 교사 문화 만들기
	• 교사의 교무실 대화
	• 교사 연구비 지원
	• 교육 연구 주간
	• 교육 활동 계획서
	• 교육 활동 및 연수 참가 후 소감 나누기
	• 대안 교육 연대 활동

이야기학교 교사 교육 과정의 구조

교사 연수의 목적은 수업의 질적 향상, 교사 교육 과정 개발 역량 향상, 경험적 교육과 학생 주도적 교육 문화로의 전환, 미래 교육 방향에 대한 인식 향상, 그리고 교사 개인의 정체성과 목적 의식을 갖는 것이다. 학생의 성장이 전인적이어야 한다고 한다면, 교사의 성장 또한 전체적이어야 한다. 교사가 교육의 열쇠라고 말한다면, 교사의 성장은 곧 교육의 성장으로 이어진다. 이야기학교가 교사 교육을 놓치지 않으려 하는 이유이다.

스터디를 통해 채워 가는

이야기학교 신입 교사가 되면, 2주 동안 기존의 교사들로부터 다양한 분야를 안내받는다. 학교의 전체적인 윤곽을 알도록 돕는 것이 목적이다. 부가적으로 모든 교사와 1:1로 만나야 하므로 빠르게 친밀감을 형성할 수 있다.

매주 금요일 4교시는 이야기학교 모든 교사들의 수업이 없는 시간이다. 전 교사가 함께하는 교사 스터디 시간이기 때문이다. 이야기학교 개교 초기부터 시작되어 10여 년간 계속해서 이어오고 있는 교사 스터디 시간은 교육 철학 강의, 자유 주제를 거쳐 현재는 독서 나눔이 주를 이루고 있다. 또한 교육 관련 영상 시청, 수업 참관 발표, 그 외 PBL이나 EC 교사 연수를 진행하기도 한다.

스터디를 하는 책의 주제는 매우 다양하다. 매 학기 상황에 따라 공부가 필요한 책들을 함께 읽는다. 부모 교육에 관련된 책을 읽을 때도 있고, 미래 교육의 방향에 관한 책을 읽기도 한다. 기독교 세계관에 관한 책을 읽거나, 인문학적 교양서적을 읽기도 한다. 학교 교사 전체가 같은 책을 읽고 나눔을 하는 것은 교사 개인의 전문성 함양과 더불어 공동체 의식에 있어서도 많은 의미가 있다. 교육에 있어서 교사에게 끊임없이 생각할 거리를 던져 주고 또 그것을 함께 나누며 더욱 풍성하게 확장시켜 나갈 수 있는 것, 이것이 이야기학교 교사 스터디가 가진 묘미이다.

풍성하고 의미 있는 교육 과정을 위해

이야기학교의 교육 과정은 지금도 끊임없이 변화하며 살아 숨 쉬고 있다. 이러한 교육 과정의 생명력은 다양한 교사 교육을 통해서 더욱 성장해 나간다. 기독교 대안 교육은 빠르게 변화하는 세상 속에서 변하지 않는 교육의 가치관과 기준을 잡아 나가면서도, 미래를 한발 앞서 대비할 수 있는 '대안' 교육을 준비해 나가야 한다. 이를 위해 이야기학교 교사들은 적극적으로 다양한 교육 과정 연수를 받고 있다.

① PBL(Project Based Learning)

이야기학교 교육 과정의 특징 중 하나는 배움과 실천이 하나 되는 삶을 위한 교육을 만들어 가고 있는 '프로젝트 수업'이다. 프로젝트 수업은 샬롬의 공동체를 위한 배움 공간과 문화를 만드는 교육 과정이자 교육 실천의 방향이다. 2017년 샬롬 대안 교육 센터 주관으로 이루어진 PBL 교사 연수를 받은 교사들은 PBL의 구조와 원리를 이해하고 본격적으로 교육 과정에 담아내는 체계화를 시작했다. 이러한 교사 연수는 연수를 받은 교사들에서 끝나는 것이 아니라, 당시 전문가 자격을 취득한 이야기학교 교사들이 추가적인 PBL 연수를 진행하면서 지속되고 있다. 나아가 다른 학교 교사들 및 이야기학교 신입 교사들에게 끊임없는 교육을 이루어 나가는 선순환의 교육 구조를 만들어가고 있다.

② EC(Educational Care)

PBL과 더불어 이야기학교 교육 과정의 또 다른 특징은 기독교 가치를 귀납적·협동적으로 배워 가는 'EC(Educational Care)교육'이다. EC 교육은 기독교적 세계관과 성경적 가치를 앎에서 그치는 것이 아니라, 이를 바탕으로 하나님 나라의 'Kingdom Change'를 위해 스스로 계획을 세우고 실천한 뒤, 이를 다시 피드백함으로써 스스로 성찰하도록 하는 것을 목표로 한다. 2015년부터 3년여에 걸쳐 미국 CRC 교단의 EC 연수를 받은 이야기학교 교사들은 이를 바탕으로 이야기학교의 교육 과정 및 워크숍을 통해 배움을 성장·확장해 나가고 있다. PBL과 마찬가지로 전문가 자격을 획득한 이야기학교 교사들의 EC 연수를 통해 지속적인 교육을 이루어 나가며 배움의 공동체를 유지해 나가고 있다.

③ 회복적 생활 교육

이야기학교는 '회복적 생활 교육'을 기반으로 기독교적 가치(샬롬의 관계)를 일상생활 문화로 만들어 가고 있다. 갈등 해결을 위한 과정 혹은 프로그램만이 아니라 기독교 문화를 만들어 감으로써 갈등을 건강하게 관리하고 전환할 수 있도록 만들어 가는 것이다. 이러한 회복적 생활 교육은 개교 준비 단계에서부터 교사 연수를 통해 체계화해 왔으며, 지속적인 교내 연수 및 외부 연수를 통해 교사의 전문성을 함양해 나가고 있다.

④ 로이독서

이야기학교 국어 교육 과정의 하나인 로이 독서는 '엘 로이, 깊이 살피시는 하나님'이라는 의미로, 하나님의 눈으로 나와 남, 세상을 볼 수 있도록 안내하는 독서 방법이다. 2015년 이야기학교 전 교사의 로이독서 연수를 통해 질문 속에서 깊이 사고하는 방법을 배우고 자기 생각을 글과 말로 자유롭게 표현하는 즐거움을 직접 경험하였다. 이러한 교사 연수는 교사가 교육 과정을 먼저 경험함으로써 아이들을 교육하는 과정에서 교육적 가치와 풍성함을 담아 전달할 수 있도록 해 주었다.

⑤ 동료 교사 수업 참관

이야기학교는 매 학기 교사역량 강화를 위한 동료 교사 수업 참관을 진행한다. 다른 선생님의 수업에 참여하여 학생의 입장에 서 보고 피드백하는 연수이다. 건설적인 피드백을 주고받으며 가르침의 공동체를 경험한다. 이러한 과정 속에서 교사로서 자기 강점을 알게 되고, 다른 선생님의 수업을 모델링할 수도 있다. 이를 통해 자연스럽게 교사 각자의 교실 안에서 이야기학교스러움이 만들어지는 것을 보게 된다.

위에서 설명한 연수들 외에도 각종 외부 학교 탐방을 통해 배움의 영역을 확장해 나가고 있으며 몬테소리 수학, 4D 프레임, 드론 연수 등 각종 교과목별 필요 연수를 통해 교사의 전문성을 신장할 수 있는 기회를 제공하고 있다. 이러한 교사 연수를 통해 이야기학교 교육 과정은 더욱 풍성하고 다양해지고 있다. 또한 이야기학교 구성원으로서 이야기학교 교육의 가치가 더욱 견고해져 가는 것을 경험하게 된다.

함께 이 길을 걷는 이들과

이야기학교는 함께 기독교 대안 교육의 길을 걷고 있는 많은 이들과의 '연대'를 통한 교사 교육도 적극적으로 실천하고 있다. 대표적으로 개교 초기부터 매년 기독교 대안 학교 연맹에서 주최하고 있는 기독교 대안 학교 콘퍼런스에 참여자이자 진행자로 함께하고 있다. 최근에는 기독교 학교 연구소에서 주최하는 콘퍼런스에도 참여하여 다양한 강의와 교사 모임에 함께하고 있다. 콘퍼런스 참여를 통해 기독교 대안 학교 교사로서의 정체성을 다시 한번 점검하고, 기독교 대안 교육의 역사 속에서 함께 걷고 있는 선후배 교사들과의 교류를 통해 한 단계 더 성장해 나갈 기회를 제공받는다.

앞서 걸어간 이들을 바라보며

'아이들이 행복한 북유럽식 삶의 교육'. 이야기학교가 추구하는 교육의 방향이다. 이야기학교는 샬롬 대안 교육 센터에서 2014년부터 격년으로 주관하고 있는 북유럽 연수에 연차별로 참여하고 있다. 노르웨이, 네덜란드, 덴마크, 독일 등 우리보다 기독교 교육의 역사가 200여 년 가량 앞서 있는 북유럽 국가들의 기독교 학교 탐방을 통해 그 사회를 경험하고, 교육 현장에서 앞서 이 길을 걸어가고 있는 이들과 교류한다. 그 속에서 북유럽 자유 학교의 사상과 철학을 자연스럽게 접하게 된다. 또한 2016년부터 북유럽 연수와 교차하여 격년으로 진행되고 있는 북미(미국, 캐나다)연수에도 참여하고 있다. 이는 북미의 개혁주의 배경을 가진 교회와 교단을 방문하여 기독교 교육의 토양과 더불어 프로젝트 수업을 하고 있는 학교들을 탐방함으로써 북미의 교육 방법을 보고 배울 수 있는 연수이다.

이와 같은 북유럽과 북미의 학교 탐방을 통해 우리가 가야 할 길과 당면한 여러 문제에 대한 해결의 실마리를 얻고 오기도 한다. 물론 사회도 문화도 역사도 다르기에 그들의 모습이 우리에게 완벽한 정답일

수는 없다. 하지만 그들의 모습을 통해 앞으로도 기독교 교육이 답이라는 것과 더불어 이 길 위에서 우리가 꾸준히 한국적 기독교 대안 교육의 선구자로서 해야 할 역할을 해나가야 한다는 것에 대한 확신과 격려를 얻고 돌아온다.

이러한 이야기학교 교사 교육의 가장 큰 특징은 학교의 리더급 교사들만 연수를 받는 것이 아니라 연차별 혹은 모든 교사들에게 연수의 기회가 주어진다는 것이다. 그렇기에 공동체 구성원 모두가 배움을 공유할 수 있고 공감할 수 있다. 이것이 이야기학교 교육을 하나의 방향으로 이끌어 가는 가장 큰 원동력이 된다고 생각한다. 이야기학교 교육 공동체를 하나로 만드는 힘, 그 원천은 모두와 함께 꾸준하게 이루어가는 교사 교육에서부터 시작되고 있는 것이다.

4. 커뮤니티 기반 수업 : 더 나은 사회를 만들어 가는 감각 키우기

| 김하경 · 장한섭 |

이야기학교의 교육 원리는 '배움의 즐거움, 함께하는 삶(관계), 삶의 실제 만나기, 입체적인 교육'을 바탕으로 한다. 먼저 학교는 아이들이 주체적으로 배울 수 있는 환경을 조성한다. 그 속에서 아이들은 배움의 즐거움을 느끼고, 수용적 · 협력적인 관계 속에서 배움의 깊이를 더해 간다. 학교 안에서 아이들은 여러 교육 과정을 통해 배움을 적용하고 실천할 수 있다. 더 나아가 학교 외의 활동을 통해서 배움이 교실에 국한된 것이 아님을 깨닫도록 돕는다. 이야기학교의 커뮤니티 기반 수업은 바로 교실 밖에서 만나는 삶의 실재를 놓고, 교실과 같은 입체적인 교육이 이뤄지도록 아이들을 돕는 과정이다.

교육은 학교에서만 하는 것이 아니라 지역 사회와 함께하는 것이다. 지역 사회와 연결해서 하는 교육을 'Community Base Education' 이라고 한다. 학교 안의 아이들은 언젠간 학교 밖의 사회에 나가 살아야 한다. 사회적 삶은 실제적인 사회 속에서 배워야 한다. 또한 더 나은 사회를 만들어 가기 위해서는 사회와 그만큼 밀접하게 접촉하면서 감각을 키우고, 참여적인 실천을 하며 배워야 한다. 만 18세까지 학교 안에서만 갇혀 지낸다면 아이는 사회가 어떻게 작동하는지에 대해 알 수 없을 것이고, 더 나은 사회를 만들어 가는 감각은 무뎌질 것이다. 그렇기에 사회는 미래를 위해 다음 세대 교육에 참여하고, 아이들은 그런 교육 지원을 통해 미래 사회를 건강하게 만들어 가는 의식을 키워야 한다.

| 체험 활동 | 재능 기부 | 전문가 수업 | 자원 활동 | 기관 협력 | 사회 참여 |

이야기학교 커뮤니티 기반 수업

이야기학교의 커뮤니티 기반 수업은 좁게는 지역 사회의 문화 및 역사 체험 활동부터 넓게는 한국 사회 또는 세계를 향한 참여 영역에 이르기까지 다양한 스펙트럼으로 펼쳐진다. 이러한 커뮤니티 기반 수업은 첫째, 지역 자원을 활용하는 수업을 말한다. 둘째, 지역 사회 구성원과 소통하는 수업을 뜻한다. 셋째, 지역 자원과 상호 협력하는 수업을 의미한다.

지역 자원을 활용하는 수업 : 문화 활동, 역사 체험

먼저 지역 자원 활용은 교육 공간과 시간을 학교 울타리 안으로 제한하지 않고 지역 사회를 교육의 터전으로 보는 것을 의미한다. 이야기학교가 위치한 서울시는 경제, 교육, 법, 행정, 문화 등 많은 영역의 자원을 갖추고 있다. 특히 역사적으로 과거와 근현대의 유산 또한 풍부하다. 문화 활동과 역사 체험은 교과와 연결되면서도 자체 교과의 역할도 한다. 이를 통해 배움은 더욱 생생해지고, 교육은 입체적으로 다가온다.

초등은 매주 수요일 오후마다 문화 활동, 역사 체험이라는 주제에 따라 지역으로 나간다. 지역 사회 곳곳에 숨어있는 보물을 발견하는 시간이다. 청와대, 국회, 헌법 재판소는 행정·입법·사법의 교육 장소이고, 수많은 박물관, 공연장은 문화·예술과 사회를 이해하도록 돕는 살아 있는 책이다. 교통 카드와 간식 가방을 챙겨 문화 활동에 나서는 아이들은 발걸음부터 즐겁다. 중등도 마찬가지이다. 교실 밖에서 만나는 실재는 배움의 즐거움과 깊이를 더욱 확장한다.

500년 이상 조선의 도읍지였던 한양 도성 사대문 안에 있는 학교의 입지 조건은 역사 체험을 하기에 매우 유리하다. 서울의 5대 궁은 곧바로 역사 교육의 장이자 살아 숨 쉬는 교과서가 된다. 역사 체험은 아이들이 직접 역사와 마주하며, 역사를 몸소 체험하고 공감할 수 있는 수업이다. 현장감 있는 배움은 역사적 사실과 인물에 대한 아이들의 집중과 호기심을 자연스레 불러일으킨다. 고등 과정에서는 학부 수준의 전문적인 역사 강의를 들으며 역사적 관점을 확장 시킨다. 이렇게 이야기학교는 지역 사회의 자원을 적극적으로 활용하여 생생하고 입체적인 배움을 확장 시켜 가고 있다.

지역 사회 구성원과 소통하는 수업 :
재능 기부 수업, 진로 재능 기부 특강, 전문가 수업

지역 사회 구성원과 소통하는 수업을 통해 많은 어른과 기관들이 학교에 들어와서 교육하고 있다. 학교는 좋은 어른과 기관에 항상 열려 있어야 한다. 학교 안에 들어온 어른들은 그들의 삶을 이야기로 들려주고, 그들이 가진 재능으로 아이들을 돕는다.

우선 이야기학교 부모들이 각자의 재능에 따라 다양한 수업을 진행한다. 악기, 스트레칭, 연극 등의 수업에서 만나는 어른들은 우리 학교 선생님이 된다. 지역 사회 어른들을 초청하는 중등 진로 재능 기부 특강 수업도 진행한다. 이 시간을 통해 한 전문가의 인생과 직업에 대해 매우 가까이에서 배울 기회를 얻는다. 재능 기부를 통해 이뤄지는 수업과 특강은 좋은 어른들에게 전문적인 가르침을 받는 귀한 시간이 된다.

특히 생태 감수성을 기르기 위해 초등은 '기독교 환경 교육 센터 살림'과 함께 수업을 진행하고, 중등은 '서울 환경 운동 연합'과 함께 활동한다. 교사가 모든 것을 가르칠 수도 없고 가르쳐야만 하는 것도 아니다. 각 기관의 전문가들은 아이들에게 지식과 체험을 아우르는 효과적이고 전문적인 수업을 제공한다. 전문적인 영역이라면 해당 기관의 전문가가 교육하는 것이 더 효과적일 것이다. 10, 11학년은 '사회적 기업 창업' 수업에서 사회적 가치를 배운다. 현장 전문가들로부터 가치가 현실로 어떻게 연결되는지 배울 수 있는 실제적인 시간이다. 네임리스(nameless)의 경우에는 기업가 정신을 길러 주고, 사회적 가치를 담은 기업들을 소개하는 창업 수업을 진행한다. 다양한 사회적 혁신 기업의 전문가 강의가 이어지고, 현장 탐방을 통해 경험의 장을 확장한다. 또한 아이들은 디자인 씽킹(Design Thinking)을 통해 자신만의 창업 아이템을 찾아 사업을 설계하고 발표하며 프로젝트를 마무리한다.

지역 자원과 상호 협력하는 수업 :
자원 활동, 기관과의 협력 프로젝트

지역 자원과 상호 협력하는 수업으로 기관과 학교가 실제적인 프로젝트를 함께 진행한다. 아이들은 지역 사회를 건강하게 만들어 가는 일에 직접 참여하며 지역 사회에 이바지할 수 있다. 이야기학교는 자원 활동을 정규 수업에 편성하였다. 다양한 기관과의 MOU 체결은 아이들이 경험할 수 있는 반경을 더욱 확장해 준다. MOU를 체결한 기관과는 상호 신뢰를 구축하고, 학교 철학에 맞는 교육 활동을 위해 인적·물적 지원을 받는다. 이를 통해 학교뿐만 아니라 기관도 함께 지속적이고 장기적으로 성장하는 의미 있는 교육을 만들어 가고 있다. MOU를 통해 이뤄가는 풍성한 배움의 네트워크는 아이들이 실제적인 사회 변화를 꿈꿀 수 있게 만든다. 또한 학교는 교회와 가정뿐만 아니라 지역 사회와 협력하는 커뮤니티를 촘촘하게 형성해 갈 수 있다.

MOU 체결을 통해 이야기학교는 다양한 기관과의 협력 프로젝트를 확장하였다. '성북 문화 재단'이 주최하는 한 책 추진단, 세계 음식 문화 축제 누리마실 서포터즈, 아리랑 도서관 프로젝트 등 다양한 활동에 적극적으로 참여한다. 이 활동을 통해 지역 사회의 독서 문화를 발전시키고, 공동체성을 향상하는 일에 협력한다. 사회적 기업 '허그인'과의 연합을 통해서 자연과 더불어 살아가는 생태환경 활동을 진행한다. 이러한 활동은 아이들에게 더 나은 사회를 만들어가는 감각을 키워주기 위한 교육 철학과 맞닿아 있다. 또한 '한국 청소년 진흥 협회'의 독도 알리기 사업에 주기적으로 협력한다. 단순한 자원 활동을 넘어서 문화 교류의 현장까지 참여한다.

커뮤니티 기반 수업을 통해 아이들은 지역 자원을 활용하고, 지역 사회 구성원과 소통하고, 지역 자원과 상호 협력한다. 더 나아가 이야기학교는 '아이들이 지역 자원이 되는 수업'을 목표로 한다. 중등 7~9학년은 지역 사회 수업을 주체적으로 진행한다. 이 수업에서 아이들은 지역 사회를 알아 가기 위해 스스로 정보를 찾고 구성한다. 구성한 내용을 바탕으로 지역 사회를 섬기는 역할을 직접 수행하고, 지역 사회의 문제를 해결해 간다. 한 예로 2020년에는 학교 밖 청소년 인식 및 제도 개선을 위한 활동으로 청소년 사회 참여 발표 대회에 참가했다. 이 활동을 통해 학교 밖 청소년으로서 사회 정책에 긍정적인 영향을 미치는 경험을 할 수 있었다.

문화 활동과 역사 체험부터 펼쳐진 이야기학교의 커뮤니티 기반 수업은 활동 영역에 제한을 두지 않는다. 시간표상 정해진 교과뿐만 아니라 시공간 제약 없이 사회 참여의 영역을 확장하고 있다. 또한 지역 사회와의 적극적인 연결을 통해 아이들이 학교의 울타리를 벗어나 지역 사회를 섬기는 일을 하도록 지원하고 있다. 학교는 아이들이 교실 밖에서 사회의 실재와 만나 입체적으로 몸소 배우고, 그 속에서 관계의 깊이를 더하길 기대한다. 아이들은 이를 통해 더 나은 사회를 꿈꾸고 그것을 실제로 만들어가는 기쁨을 맛볼 수 있다. 더불어 아이들은 쌓아온 경험들을 밑바탕으로 자신의 진로에 맞는 다양한 사회 참여를 점차 구체화해 간다. 지역 사회가 기른 우리 아이들이 지역 사회에 다시 선한 영향력을 미치며 세상을 회복해 가길 기대한다.

❺ 샬롬의 관점으로 관계 회복에 중점을 두는 '회복적 생활 교육'

| 벡선미 · 장한섭 |

"한 번에 해결될 수는 없겠지요. 하지만 이렇게 대화하면서 서로를 이해할 수 있어서 좋았습니다."

_ 아이들 사이에서 일어난 갈등으로 부모 대화 모임을 한 후의 소감

삶은 여러 사람이 함께 살아가는 것이다. 다양한 관계는 그 숫자만큼 복잡성이 발생하고, 갈등과 과제에 직면하게 된다. 그렇게 함께 살아가는 학교, 교실에서 시행되는 학생 생활 교육은 배움과 성장, 공동체 형성이 일어나는 기회를 만들어 낼 수 있다. 그러나 일반 학교에서는 삶을 배우는 사회적 공간이라는 정의가 아닌 교사의 통제 수단으로 생활 교육을 활용하고 있다. 그 안에는 삶이라는 것도, 인격적 존재라

는 것도, 관계라는 것도 실종되었다. 기독교의 가치는 관계에서 드러난다. 구성원 간의 존중이 일상생활에서 이루어져야 한다. 이야기학교는 학교를 시작하기 전인 2007년에 회복적 정의를 만나서, 현재까지 회복적 정의를 실현해 오고 있다.

회복적 생활 교육 : 새로운 관점의 생활 교육

회복적 정의는 잘못을 바로잡되 잘못을 저지른 사람과 피해를 보는 사람 모두 회복되는 방향으로 정의가 이루어져야 한다는 관점이다. 그러기 위해 당사자 중심의 해결, 당사자와 연결된 공동체 구성원의 참여가 있는 해결 방식을 추구하게 된다. 회복적 정의는 가해자의 필요와 결과에 대한 책임을 더 강조한다. ① 누가 피해자인가, ② 그들의 요구는 무엇인가, ③ 이것은 누구의 의무이고 책임인가, ④ 무엇이 원인인가, ⑤ 이런 상황에 누가 관여해야 하는가, ⑥ 어떤 절차를 통하여 해법을 찾을 수 있는가의 질문을 통해 해결해 나가는 것을 추구한다.[1]

회복적 정의를 바탕에 둔 생활 교육은 교과를 포함한 모든 영역에 적용할 수 있다. 회복적 생활 교육은 모든 학교생활의 장에서 이루어지는 것이다. 학교의 운영(의사 결정과 의사소통), 학교 구성원들(교사, 부모, 학생) 사이의 관계, 교실 내의 활동과 수업, 수업의 방식과 평가에

---

1 로레인 수투츠만 암스투츠, 쥬디 H. 뮬렛, 『학교현장을 위한 회복적 학생생활교육』, 이재영, 정용진 옮김 (강원: KAP, 2011) 29.

이르기까지 말이다. 회복적 정의의 관점이 인격체로서의 상호 존중과 성장, 상호 연결되고 신뢰가 깊어지는 공동체성 강화에 초점을 두고 있기 때문이다.

이야기학교는 학교 설립부터 교육 철학에 샬롬의 가치를 담았다. 모든 것이 자기 자리에서 자기 역할을 올바로 할 때 샬롬이 이루어진다. 따라서 샬롬의 공동체 만들기, 샬롬의 문화 만들기, 샬롬의 의식 형성하기 등을 부지런히 해 왔다. 교육 과정부터 교육 평가에 이르기까지 곳곳에 회복적 관점을 담았다. 이야기학교는 작은 공동체가 이런 교육을 실현할 수 있다고 여긴다. 교사와 학생만이 아니라 부모까지 포함된 교육, 더 나아가 지역 사회까지 포함된 교육을 할 때 회복적 생활 교육이 완성된다.

회복적 생활 교육을 곳곳에 담다

① 교육 철학이 회복적 생활 교육의 주요한 바탕이 된다

이야기학교의 교육 철학은 '샬롬을 누리고 만들어가는 공동체적 교육'이다. 샬롬은 온 우주의 회복을 포함한다. 사회 정의, 인류 번영, 그리고 생태 환경의 평화까지 포함한다.

② 교육의 본질을 추구한다

첫째, 공동체적 관계 교육을 이루어 간다. 학교 공동체 구성원들이 서로를 신뢰할 때 교육이 일어난다. 교육 공동체를 이루기 위한 실제적인 실천들이 공동체성을 강화하고, 건강한 공동체가 이루어졌을 때 본질적 교육이 가능해진다. 회복적 생활 교육은 관계 중심, 공동체 중심의 교육을 실현하는 맥락과 일치한다. 관계의 신뢰가 고도로 형성될수록 회복적 관점의 생활 교육은 자연스러운 문화가 된다.

둘째, 인간의 존중을 기반으로 한다. 학생들의 다름을 인정한다. 배움의 방식, 배움의 속도, 배움의 능력 차이를 받아들인다. 회복적 생활교육은 획일적 규칙에 따른 처벌보다 한 개인의 상황과 다름을 존중하는 형태로 이루어진다. 한 개인에 대한 존중을 학생들이 느끼고 믿을 수 있을 때, 회복적 생활 교육을 위한 다양한 교육과 활동이 가능해진다.

셋째, 더불어 살아가는 시민을 위한 교육이다. 회복적 생활 교육은 관계와 공동체, 개인의 파괴를 다시 회복시키는 방향을 지향한다. 인지적인 세계관에 머무는 것이 아니라 관계의 회복을 직접 실행하고 경험하는 장을 형성한다.

가치와 문화로 접근한다

① 가치와 전반적인 문화로 접근한다

이야기학교는 교육 철학 부분에서 설명했듯이 학교 전체의 문화와 가치로 접근하기 위한 노력을 계속하고 있다. 교과 외의 생활 관련 부분만을 다루는 것이 아니라 학교 운영 전반과 교육의 접근 자체를 샬롬의 관점으로 진행함으로써 문화와 가치가 뿌리내리도록 노력해 왔다. 기독교 대안 학교는 프로그램이나 갈등 해결 과정이 아닌 문화와 가치를 실현할 수 있는 가장 좋은 공간이다.

② 학교생활 전반과 교육 과정까지 유기적이다

이야기학교는 교실 수업 안에서의 회복적 생활 교육을 넘어서 학교 운영 전반과 교육 과정, 그리고 생활 교육의 영역까지 통합적으로 접근한다. 그렇기에 학교 구성원이 되면 자연스럽게 이 과정에 익숙해진다. 신입 교사, 학생 모두 1년 정도 지나면 회복적 정의 관점을 기반으로 한 다양한 활동에 익숙해진다.

③ 큰 가이드라인만 있고, 구체적인 책임 규정은 적다

모든 상황은 학생의 개별적인 특성을 고려해야 한다. 그렇기에 상황마다 새로 접근할 필요가 있다. 정해진 세부 가이드라인이 있을 때 한 개인보다 가이드라인에 쉽게 맞출 가능성이 크다.

④ 많은 에너지가 들어가며 무엇보다 공동체적 합의가 필수적이다

삶을 같이 살아가는 한 갈등은 지속된다. 그때마다 대화 모임을 통해 해결해 나가기에 시간도 오래 걸리고, 상황에 대한 전체적인 고려를 해야 하기에 교사 학생 모두의 에너지가 많이 들어간다. 그것을 지속할 용기가 있어야 한다. 또한 교사의 인식 변화와 훈련이 필요하다. 부모들의 이해와 동의도 있어야 한다. 많은 시간을 들여 대화 모임을 하는 것에 대한 학생들의 이해도 필요하다.

무엇보다도 회복적 생활 교육이 모든 것을 해결할 수는 없어도 공동체성을 강화시키고, 구성원의 신뢰가 두터워질 수 있고, 관계의 연결이 일어날 수 있으며, 피해 회복이 일어날 수 있다는 믿음을 꾸준히 가지고 있어야 한다.

⑤ **이야기학교의 상황과 역사성에 의해 만들어진 것이다**

회복적 생활 교육은 방향성을 알려 줄 뿐이다. 그것을 실현하기 위해서는 학교의 상황과 특성에 맞는 방법들을 찾아가야 한다. 이야기학교는 오랜 시간 동안 숙고하고, 논의하고, 시행하고, 검토하는 과정을 거쳐서 현재의 모습을 갖추게 되었다. 어떤 학교이든 이를 적용하기 위해서는 다른 학교의 방식을 모방하는 것부터 시작할 수 있겠지만, 학교가 가진 교육 철학과 문화, 구성원의 특성을 고려하는 것과 합의, 논의를 거치며 만들어 가는 것이 필요하다. 과정도 샬롬이어야 하고, 회복적이어야 하기 때문이다.

회복적 생활 교육 어떻게 실현하는가?

① **입학** : 이야기학교 입학생들은 입학 체험 평가를 거친다. 입학 체

험 평가 후 입학 결정을 할 때 전교생의 의견을 종합하는 과정이 있다. 입학생에 대한 평가라는 관점보다 입학생에 대한 공동의 책임성을 더 강조하는 것이다.

② 마을 회의 및 의사 결정 구조 : 학교는 학생들이 마을 회의를 통해 다양한 생활에 관해 결정하는 것을 존중한다. 학생들의 주체성을 존중하는 것이다. 마을 회의를 통해 교사 회의에 건의할 수 있으며, 교사 회의를 통해 교육 방향·과정·행사를 결정한다. 도서관 사용, 트램펄린 사용, 카페 이용, 신발 정리, 이성 교제, 교복 착용 등 다양한 학교생활 규칙에 대해 논의한다. 그뿐만 아니라 학교 축제, 여행 캠프 조 편성, 동아리 활동 등 학교 행사와 관련한 회의도 진행한다. 1년을 돌아보는 교육 과정 피드백에도 학생 대표가 참여하며, 1년을 시작하는 학사 일정 논의도 학생들과 공유하고 협의한다. 졸업 사정 기준 피드백에도 참여한다.

③ 반별 생활 규칙 : 다양한 삶의 문제에 대한 부분은 반별로 생활 규칙을 정한다. 예를 들어 식사 후 식탁 정리, 자리 배정, 지각에 대한 책임 등은 반별 회의를 통해 합의하여 결정한다.

④ 나눔 : 월요일 오전에 초등, 중·고등, 혹은 전체가 모여 삶을 나눈다. 주말 동안 어떻게 지냈는지, 이번 주에 관계에서 어떤 걸 노력할 것인지, 최근 관심사가 무엇인지 등 서로에 관한 관심과 알아감, 친밀함이 갈등 예방과 조정에 큰 도움이 된다.

⑤ 다듬고 세우기 : 금요일 오후에는 월요일과 같이 과정별로 동그랗

게 둘러앉아 따뜻한 피드백과 차가운 피드백을 나눈다. 자신을 스스로 다듬고 세우기도 하고, 친구, 같은 부서, 동아리를 다듬고 세우기도 한다. 서로의 삶에서 부딪히는 것들을 직접적으로 말하되, 서로를 존중하는 분위기를 조성한다.

⑥ 자전거 여행 캠프 : 7~10학년은 자전거 여행 11일 기간 중 개인별 피드백을 받는 시간이 있다. 자신에 대해 직면하고 노력해가는 시간을 통해 아이들은 성숙해간다.

⑦ 평가 : 공동체적인 평가를 통해 관계적 공동체성을 높인다. 자기 평가, 친구 평가, 교사 평가, 교회 평가를 진행한다. 초등의 경우 부모 평가까지 취합한다. 면담 평가는 전체 학생을 대상으로 진행한다. 면담 평가를 하다 보면 학생들 사이의 관계 지도가 그려진다. 전체 평가를 바탕으로 부모 면담을 진행하면서 부모와 학교 간의 관계를 긴밀하게 형성한다. 학기 초에 작성하는 자기 성취도 계획서에 지난 학기 평가를 반영하여 전체적인 성장을 할 수 있도록 돕는다.

⑧ 가족 조, 캠프 조 운영 : 월, 금요일은 1학년부터 12학년까지 골고루 구성되어 있는 가족 조로 식사를 한다. 학교생활이나 행사도 가족 조로 활동할 때가 있다. 가족 조는 1년 단위로 변경하며, 1학기 초에 마을 회의를 통해 결정한다. 부모 또한 아이들과 같은 가족 조를 1년 단위로 운영한다. 부모 연수 후에 가족 조별로 모여 대화 모임을 진행한다. 개강 캠프, 종강 캠프, 도보·산행 캠프 등의 캠프에서 조를 구성할 때 다양한 나이대를 섞어 통합적으로 구성한다. 다양한 학년과 교

류하면서 서로에 대한 이해와 수용의 폭을 넓혀 간다.

⑨ **과정별 대화 모임** : 개강 캠프, 종강 캠프, 초등 캠프 등 이야기학교의 다양한 캠프에는 과정별로 대화 모임을 할 수 있는 시간이 있다. 이 시간을 통해 한 학기를 함께 돌아보기도 하고, 서로를 향한 감사의 마음을 전하기도 한다. 서로에 대해 깊이 알아가고, 존중해 줌으로써 관계를 더욱 깊이 할 수 있다.

⑩ **여자, 남자 대화 모임** : 학기 초에 과정별로 여자, 남자 대화 모임을 진행한다. 지난 학기 관계에 대해 돌아보기도 하고, 현재 관계 분위기에 대해 점검하기도 한다. 새로운 신입생들이 관계에 잘 적응하고 있는지, 도와주어야 할 점은 없는지, 서로에게 부탁할 점을 요청하기도 한다. 서로의 관계를 폭넓게 바라보며 성찰하고, 공동체를 위해 해야 할 일들을 함께 고민한다.

⑪ **교사 공동체** : 학생들은 학기 말에 선생님들에 대한 피드백을 작성하여 제출한다. 선생님들은 학생들의 피드백을 받아보고 자신을 성찰할 기회를 얻는다. 또한 교사들 간의 피드백을 통해 업무와 성품에 대한 자기 이해와 성숙을 도모한다.

⑫ **부모 공동체** : 회복적 생활 교육은 부모의 이해와 동의가 필요하다. 이야기학교는 다음과 같은 과정을 진행한다. 먼저, 입학 신청 서류에 회복적 생활 교육에 대한 동의를 구한다. 매 학년을 시작할 때마다 진행하는 부모 오리엔테이션 시간에 회복적 생활 교육에 대한 설명과 이해를 구한다. 또한 정기 부모 연수를 통해 회복적 정의 관점의 대화,

특히 서클 진행을 경험하게 한다.

부모의 의식 공유와 학교 협력, 그리고 교육 공동체로서의 참여는 기독교 교육의 기반이다. 부모연수, 부모 기도회를 통한 의식 공유의 시간을 갖고 축제, 기념 예배, 입학 졸업식 참여와 협력을 시행한다. 자매 학교 홈 스테이, 가족 캠프, 학교 밴드 참여 등을 통해 교육의 동반자로서 함께 한다.

⑬ 평화 수업 : 이야기학교 학생은 평화 수업을 통해 하나님과의 관계, 인류와의 관계, 자신과의 관계, 그리고 자연과의 관계에 대한 주제를 익히게 된다. 특히 한 학기 수업으로 갈등에 대한 이해와 해결 방법을 배우게 된다.

대화 모임을 어떻게 진행하는가?

"얘들아 이리 와 봐. 자리에 앉고, 어떤 일이 있었는지 이야기해 보자"

초등 2학년이 1학년의 갈등 상황에서 회복적 대화 모임을 자연스럽게 진행하는 장면이다.

회복적 생활 교육에서 갈등은 '관계의 손상'이 일어난 것으로 본다. 그렇기 때문에 '당사자와 공동체의 관계 회복'의 관점으로 갈등을 해결해간다. 이야기학교의 대화 모임은 상황 파악을 우선 한 후에 대화 모임의 구조를 어떻게 할 것인가를 결정한다. 대화 모임 진행자와 구조,

그리고 진행 프로세스가 잘 잡혀야 해결이 매끄럽기 때문이다.

회복적 상담 : 문제가 있던 없던 일상에서 아이들과 잦은 대화를 한다. 그리고 아이의 어려움에 관한 내용이 있는 경우 '회복'의 방법을 함께 논의한다.

당사자 대화 : 어떤 상황이 발생하면, 가장 먼저 당사자 간의 대화 모임을 진행한다. 갈등, 지각이나 과제 제출 등 수업에 관한 경우, 학교 전체 분위기에 대한 것도 당사자 중심으로 대화 모임을 진행한다.

관련자 대화 모임 : 때로는 당사자의 요구에 따라 당사자를 포함한 조금 확대된 관련자 모임을 진행하기도 한다. 진행자를 고학년이 담당하여 진행하기도 한다.

전체 대화 모임 : 당사자 모임에서 다루기 어려운 일들을 반별 대화 모임으로 확대하고, 더 나아가 초등, 중등 과정별 대화 모임으로 확장하기도 한다.

회복적 생활 교육이 참 교육을 낳는다

회복적 생활 교육은 한 인격체를 존중한다. 한 인간의 존엄성은 교육에 그대로 반영되어야 한다. 그것은 말과 교재로만 되지 않는다. 아이를 대하는 그 자체에서 존중의 교육이 이루어져야 한다. 또 회복적 생활 교육은 함께 살아가는 방식을 습득한다. 그것도 경험적으로 배워 간다. 더불어 살아가는 사람을 길러 내는 것이 참 교육 아닌가? 이런 교육 안에 자연스럽게 가치가 스며든다. 모든 사람은 소중하다. 모든 사람은 존중받아야 한다. 모든 사람과 함께 행복해야 한다.

교사는 수직적, 지시적, 일방통행적 가르침에서 벗어나 수평적 배움의 방식에 익숙해진다. 교사가 교사다워지는 것이다. 부모는 내 아이만이 아니라 모든 아이의 성장을 함께 책임져야 한다는 것을 배워 간다. 모두가 낯설지만 결국 그 안에 살아가는 구성원 모두가 행복하다.

전인적 & 공동체적 평가

| 정혜선 · 장지해 |

학생 한 명, 교사 일곱 명이 한자리에 있다. 초등 1학년 아이는 키가 작아 고개만 빼꼼히 보인다. 12학년(고3)은 선생님과 구분이 되지 않을 만큼 커 있다. 교사는 다양한 질문을 하고 아이는 당당하게 설명한다. 수업 시간에 관한 내용부터 관계, 진로, 가정 이야기까지 주제는 다양하다. 이야기학교 학기 말에 이루어지는 면담 평가 장면이다. 이 과정을 참관한 교육 관련자마다 같은 소감을 말한다. "깊은 신뢰가 이런 평가를 가능하게 한 것 같습니다."

교육학에서 교육 평가란 교육이 이루어진 후 교육 과정을 짜는 과정에서 결정했던 교육 목표의 달성 여부를 평가하는 방법들, 평가의 결과를 해석하는 방법 등을 다루는 것이라 정의한다. 이야기학교는 학교의 교육 철학에 따라 교육 목표를 세우고, 일련의 교육 과정, 교육 방법, 교육 평가에 이르기까지 교육의 전 과정을 다루고 있다. 이 모든 과정이 유기적으로 얽혀 있으며 이를 평가에 반영하여 구현해 내고 있다.

이야기학교 평가의 특징은 모든 구성원이 참여하는 공동체적 평가라는 것과 입체적(전인적) 평가라는 점이다. 교육 철학을 바탕으로 학생의 전반적인 학교생활과 기본 소양 그리고 배우는 모든 수업에 대해 전인격적이고 입체적인 성장 관점을 다루고 있다. 학교와 가정, 교회에 속한 어른들이 공동체적으로 평가에 참여하는 특징을 가지고 있다.

이야기학교는 교육 과정에 관한 교사의 권한이 높은 만큼 평가 방식 또한 동일하다. 지필 평가의 비중을 낮추고, 수시 평가, 에세이, 프로젝트 평가, 발표, 수업 태도의 비중을 높이고 학생의 수업 참여도를 높게 평가한다. 이야기학교의 평가는 학생 개인의 진단뿐만 아니라 교사 수업의 진단, 교육 과정의 진단, 학교 분위기의 진단, 부모로부터의 피드백까지 아우르고 있다.

평가 과정이 또 하나의 교육이다

① 성취도 계획

학기 초에 학생들은 저마다 자기 성취도 계획서를 작성한다. 성취도 계획서를 작성하는 것은 자기 삶을 스스로 계획하고, 스스로 과정을 실현해 가는 습관을 갖게 하기 위함이다. 또 자기 계획에 대한 동기

부여와 책임을 높이기 위한 목적이 있다. 이에 더해 매 학기 시작과 함께 학교에서는 신실함 워크숍을 진행한다. 한 가지 주제에 대하여 깊이 생각하고 다른 사람의 의견을 듣고 자기 생각을 말하며 토론한다. 마지막으로 실천할 수 있는 일을 계획한다.

② 개별 면담

아이들은 아직 생각만큼 책임감이 길러지지 않았다. 이 때문에 학기 중간에 담임 교사와 정기적인 면담 시간을 통하여 개별 상담을 하고, 성취도 계획서대로 지내고 있는지 대화를 나눈다. 함께 지내며 쌓인 신뢰가 마음속 깊은 대화를 가능하게 한다. 면담을 통해 학생과 교사 사이에 진실한 마음이 전달된다.

③ 학기 말 면담 평가

학기 말이 다가오면 자기 성취도 평가서를 작성하는 시간을 갖는다. 성취도 평가서를 작성하는 것은 삶에 대해 돌아볼 수 있는 습관을 길러 주고, 자기성찰 능력을 향상시킨다. 자기 평가서 외에 친구 평가도 작성한다. 타인의 성장을 돕기 위해 사랑과 진실로 거울처럼 반영해 주는 것이다. 여기에 담임 교사와 모든 수업 교사가 작성한 평가를 바탕으로 면담을 진행한다. 면담 평가는 교육이 예술이라는 것을 보여 준다. 학생 한 명을 위한 교사들의 헌신이 담겨 있다. 또한 학생과 교사 사이의 신뢰 관계가 진하게 묻어난다.

④ 부모 면담

이야기학교 평가의 마무리는 부모와의 대화이다. 교장, 담임, 학생, 그리고 부모가 한자리에서 학생이 받은 평가를 공유한다. 이 시간은 부모가 자신을 돌아보는 기회가 된다. 또한 이 자리를 통해 교사와 부모의 협력 관계가 깊어진다. 학생은 자기 삶의 주체로서 다양한 협의와 결정에 목소리를 낼 수 있다.

신뢰를 기초로 한 관계 문화가 핵심이다

"이제 더는 이런 자리가 없다는 것이 아쉽네요."라고 말하며 마지막 면담 평가 자리를 나서는 졸업생들을 볼 때마다 자식을 떠나보내는 느낌을 받는다.

아이들이 그렇게 말할 수 있는 것은 이야기학교에서 가장 중요하게 여기는 존중의 관계 때문이다. 아이들은 불평을 가진 청소년기를 거치면서 조금씩 교사의 마음을 읽는다. 학교를 떠날 때쯤이면 그 마음의 깊이가 조금은 느껴지나 보다.

그러한 관계를 바탕으로 교사는 학생의 이번 학기에 대해 객관적이고 종합적인 사실을 토대로 피드백을 한다. 이번 학기 지내 온 모습이 어떠했는지를 돌아보고 학생이 잘한 부분에 대해 아낌없는 칭찬을 한다. 더불어 부족한 부분이나 여전히 노력이 필요한 부분에 대해서도 조언을 한다. 학생들은 교사의 이야기를 경청하며, 대부분 수긍하고 동의하며 마음으로 받아들인다. 때로는 받아들이기 힘든 피드백과 조언도 포함되어 있지만, 학생들은 그 자리에서 들은 이야기를 수용하려고 노력한다. 때론 교사에게 직접 도움을 요청하기도 하며 저마다의 방법을 찾아간다. 받아들이는 데 오랜 시간이 걸리는 아이가 있을 때면 그 시간을 기다려준다.

평가는 성장을 위한 진단이다

평가를 통해 개인별 존재와 삶, 학습까지 총체적으로 진단하게 된다. 다른 사람이 비춰 주는 거울로 자기를 본다는 것은 두려움을 이겨내는 용기가 필요하다. 그것 자체로 마음이 단단해진다. 자기를 드러내도 품어줄 수 있는 공동체와 사람을 경험한다. 자신을 객관적으로 알 수 있게 되는 것은 다음 학기에 많은 영향을 준다.

또한 학교에서는 평가를 통해 수업, 교육 과정, 관계, 학교 분위기, 학교 교육 목표 달성까지 파악할 수 있다. 학교에 대한 종합적인 진단이 된다. 또한 다음 학기를 계획하는 데에 밑거름으로 작용하여 학교의 발전 방향 설계에 활용된다. 구성원별로 평가를 진행했을 때의 효과는 다음과 같다.

학생 : 면담 평가는 자기 성찰의 시간이다. 성장의 가장 중요한 요소인 성찰 역량이 나날이 커진다. 처음부터 익숙한 것은 아니지만 아이들은 성찰을 통해 자기를 이해하는 데 노련해진다. 자기 이해는 자기

를 받아들이는 인정의 과정이 뒤따른다. 학생들은 면담 평가를 통해 자기의 장점, 단점을 선명하게 본다. 있는 그대로의 자신을 사랑할 줄 아는 것에서부터 성장이 시작된다.

교사 : 교사는 한 아이를 객관적으로 보고 있는지 알고 싶어 한다. 평가에서 교사마다 이야기하며 한 아이에 관해 공통의 시각을 가지고 있음을 확인할 때 교사는 안심하게 된다. 관찰 평가가 다르지 않다는 사실이 평가의 신뢰성을 높이는 이유이기도 하다. 교사는 자신의 수업에 대해 학생의 개별적인 피드백을 들을 수 있다. 그리고 일반 학교에서 볼 수 없는 초1부터 고3까지의 발달 과정을 한눈에 보게 된다. 더구나 학생에 관한 피드백은 곧 교사 자신에게도 적용되는 날카로움까지 있어 교사가 함께 성장하는 시간이 된다.

부모 : "우리 아이를 입체적으로 보고 있는 것 같아요.", "가정에서 보는 모습과 똑같네요." 이런 부모의 이야기가 이야기학교 평가의 장점이다. 부모 면담을 통해 자녀의 학습만이 아니라 전 영역에 대한 모습을 이해할 수 있다. 부모가 알고 있는 아이의 많은 부분을 학교와 함께 공유함으로써 아이의 성장을 객관적으로 바라볼 수 있게 하는 공동 양육자의 책임을 느낄 수 있다.

평가가 대안 교육의 특성을 드러낸다

면담 평가를 통해 한 아이 한 아이를 만날 때 성장의 변화를 경험하는 큰 기쁨을 맛보게 된다. 성장의 폭은 저마다 다르기 마련이다. 사람마다 달란트가 다르듯 아이들마다 자라고 다듬어지는 속도가 다르다. 아이들은 그 사이에서 열심히 자라간다.

"아이의 질적인 성장을 볼 때 마음이 꽉 차오르는 기쁨이 있습니다."

아이들의 기본 모습은 변함이 없다. 하지만 폭이 넓어지고 깊어지는 것은 분명한 사실이다. 학년별로 면담 평가를 참관했던 한 참가자의 소감이 학생들의 성장 특징을 잘 말해 주고 있는 듯하다.

"초등은 지난 학기를 돌아보며 칭찬을 아끼지 않고, 중등은 '자기'를 만들어 가는 모습이 곳곳에서 보입니다. 12학년은 삶을 두고 이야기하는 인생의 선후배 대화 같습니다."

우리는 면담 평가를 통해서 성장 과정 중에 있는 아이들을 본다. 덜 컹거리는 아이, 수렁에 빠져 있는 것 같은 아이, 혼란기를 빠져나와 안정된 아이, 방향을 잘 잡고 성장해 가는 아이, 탄탄하게 성장의 층을 쌓아 가는 아이. 대체적으로 아이들은 이야기학교 안에서 안정감을 가지고 성장해 간다.

좋은 가치와 문화가 담긴 공간에서 인격적인 만남을 지속하다 보면 아이들은 어느 순간 균형 잡힌 모습을 드러낸다. 초등 저학년부터 고

학년으로 갈수록 균형 잡힌 모습이 보이기 시작한다. 아이들은 이 안에서 자신의 때에 맞게 자기다운 모습으로 성장하고 있다. 우리는 그때까지 기다리고 인내해야 한다. 인내의 과정은 부모와 교사를 성숙하게 한다.

학생들에게 면담 평가는 처음에는 낯설고 어색하게 느껴지지만 매 학기 지난 과정을 돌아보고 피드백 받음으로써 자신이 이전보다 어떻게 달라졌는가를 알게 된다. 면담의 과정을 겪어 갈수록 부담스럽다기보다는 어떤 이야기를 듣게 될지 기대하게 된다. 끝으로 아이들이 어떤 모습으로 변화되고 성장하고 있는가를 볼 수 있는 인턴 교사의 참관 소감문을 소개한다.

"이야기학교의 면담 평가는 이전까지는 경험해 보지 못했던 새로운 것이었다. 그런데 참관을 하면서 진정으로 기독 대안 교육, 아니 그냥 교육적으로도 각 아이에 대하여 면담 평가의 방식과 같은 평가가 이뤄져야 한다는 생각이 들었다. 평가를 통해 아이들은 자신의 달란트를 발견한다. 또 스스로 어떤 사람인지 자신에 대한 이해가 깊어진다. 또 앞으로 구체적으로 어떤 방향으로 나아가야 하며, 어떤 부분을 노력해야 하는지 뚜렷해진다. 단순히 교과적인 평가가 아니다. 성품, 관계, 신체적 영역 등 모든 방면을 아울러 건강하고 균형 잡힌 성인으로 성장해 가는지를 평가하고, 매 학기 성장 된 모습을 보게 되는 것 같다. 피드백이 개인의 성장에 어떤 영향을 주는지 눈으로 보았다. 매 학기 이 같은 과정을 거친 아이들의 5년 후, 10년 후가 더 기대되고 궁금해진다."

2부

교육은 삶을 위한 것이다

　미래 사회 변화를 말하는 학자들은 반드시 교육 변화를 같이 언급한다. 한국을 방문했던 미래학자는 아이들은 한 나라의 자산과 미래인데, 한국 학생들은 결과에 지나치게 압박을 받고 있어 자립심과 이해 중심의 학습이 부족하게 될 것이라고 말했다. 아이들에게 자기가 누구인지, 자신의 재능과 성향이 무엇인지 생각해 볼 기회를 주어야 한다고 조언해 주고 있다. 우리 사회는 교육을 성적을 내는 것으로 이해하고 있다. 한 인격체가 삶을 준비해 나가는 것으로 생각하지 않는다.

　2부에서는 '교육은 삶을 위한 것'이라는 교육의 목적에 대한 이야기를 풀어내었다. 교육 과정을 이해할 때 우리는 교과목을 우선으로 떠올린다. 그리고 교과목은 곧 시험 성적으로 연결된다. 그런데 본래 교과목은 삶을 위해 필요한 요소가 무엇인지를 정리하여, 배워야 할 것을 유목화한 것이다. 그러니 교육은 결국 삶을 위한 것을 배우는 것이다. 각 교과목들을 삶을 위한 방향성으로 어떻게 재설정했는가를 2부를 통해 알 수 있을 것이다.

　이야기학교에서 국어는 사고력을 길러 주는 것을 목적으로 한다. 사고력은 가치 형성의 기초가 된다. 좋은 가치로 살아가기 위해서는 깊이 생각할 줄 아는 연습이 되어 있어야 한다. 모든 배움은 글 읽기로 시작해서 스스로 해석하고, 나아가 주제 의식까지 갖는 것으로 이어져야 한다. 그럴 때 자기 삶의 가치를 스스로 도출해 낼 수 있다. 또 국어 교육을 통해 문학을 향유하는 존재가 되고, 그로 인해 정신적으로 풍요로운 삶을 살아갈 것을 기대한다.

사회는 삶을 살아가는 다양한 영역을 다룬다. 정치, 문화, 경제, 지리를 포함하고 있어 실제적인 삶과 밀접한 분야이다. 이런 특성에 맞게 실제적인 주제를 프로젝트로 접근하는 내용을 담고 있다. 이야기학교의 역사 교실은 600년 이상 된 고도시 서울이다. 도시 안에 역사가 풍부하게 담겨 있다. 유럽의 학교에서 볼 수 있는 것처럼 수요일마다 서울 시내를 탐색하는 이야기학교 친구들의 역사 교육에 대해 담아냈다.

영어는 언어이다. 언어는 사람과의 관계를 위한 것이다. 의사소통으로써의 언어 익히기를 추구하는 이야기학교 영어 교육을 설명한다. 초등은 감각을 활용한 수학 교육이 유용하다. 중등은 과정을 익히는 수학을 추구한다. 한국의 수학 교육은 모든 학생에게 많은 양을 가르치는데서 문제가 발생한다. 그만큼 결과를 빨리 내는 과목이기도 하다. 그것을 극복하기 위해 분투하는 작은 시도들을 그려 냈다. 과학은 세계와 사물의 질서를 발견하고 응용하는 과목이다. 초등 저학년 자연관찰 수업부터 사물을 직접 만나는 수업 방식을 취한다. 고등은 과학을 배우며 에세이를 작성한다. 작지만 새로운 시도들이 일어나고 있다.

성적 지향적인 교육을 벗어나 지식 자체를 탐구하고, 활용할 수 있는 역량을 길러 가는 교육을 한다는 것은 낯선 길이다. 그 낯섦을 즐기며 수업을 만들어 가는 선생님들의 실험이 담겨 있다. 그것을 할 수 있는 환경이 바로 대안 교육이다. 이러한 교육을 만들어 가는 대안 학교 교사들의 강점은 자기 수업 만들기이다. 실험 정신을 가진 교사라면 교육 과정을 만들어 내고, 자유롭게 평가까지 하는 교육 공간이 매력적으로 느껴질 것이다. 한편으로는 도전하는 과정의 부담감이 있지만, 교사들의 도전들이 모여 새로운 교육을 만들어 갈 것이다.

| 백선미 · 김하경 |

국어는 왜 배워야 하나요?

"선생님, 대학교 과제 중에 글쓰기가 정말 많아요. 에세이를 쓰는 과제가 특히 많은데 생각보다 그렇게 어렵지는 않았어요. 이야기학교에서 이미 매 학기 계속 써 봤고 피드백도 많이 들었잖아요. 발표 수업도 많은데, 이야기학교에서 늘 하던 거니깐, 교수님들한테 발표 잘한다는 칭찬도 많이 들어요."

국어 교사에게 졸업생의 이 말보다 더 듣기 좋은 말이 있을까? 이야기학교에서 국어 교사로서 '국어'가 가져야 할 목표가 무엇인지, 무엇을 위해 '국어'를 가르쳐야 하는지 고민했다. 그리고 지금도 고민하고 있다. 고민하는 가운데 국어가 가져야 하는 목표를 크게 세 부분으로 나누었다. 우리 삶에 꼭 필요한 의사소통 능력을 키우는 것, 문학을 통해 삶을 풍요롭게 하는 것, 보이지 않는 힘인 사고력을 기르는 것. 바로 이 세 가지 목표를 이뤄 가기 위해 지금도 아이들과 함께 달려가고 있다.

우리 삶에 꼭 필요한 의사소통

언어는 가장 중요한 의사소통 도구이다. 언어를 통해서 우리는 세상을 이해할 수 있고, 사람을 이해할 수 있다. 또한 그 언어를 통해 자신을 표현할 수 있으며 세상과 이웃을 섬길 수도 있다. 더 나아가서 공동체를 변화시킬 수도 있다. 언어는 그만큼 실제적이다. 국어 과목은 삶에서 꼭 필요한 의사소통 능력을 기르도록, 그리고 경험하도록 도와야 한다.

국어에는 발표, 토론, 토의, 협상, 회의 등 실제적인 삶에서 활용해야 할 언어의 기술들이 담겨 있다. 그렇기에 더욱 실제로 사용하며 몸으로 익혀 가야 한다. 이야기학교에는 과목마다 '국어'를 배울 수 있는 수업들이 매우 많다. 전체가 함께하는 수업으로는 한 나라를 깊이 있게 배우는 집중 수업 주간 조별 발표, 주제를 선정하여 발표하는 말하기 대회가 있다. 또한 사회, 역사, 과학, 평화 등 다양한 과목에서 자기 생각을 쓰는 에세이 수업이나 발표를 하는 수업을 진행한다. 중등 과정에서는 매 학기 말에 자신의 한 학기 성장을 글로 쓰고, 소책자로 제작하는 포트폴리오 주간이 있다. 이외에도 국어 능력을 실제로 발휘할 수 있는 곳은 이야기학교에 널렸다.

　이야기학교에는 자기 표현을 할 수 있는 시간도 많다. 전체 나눔, 다듬고 세우기, 대화 모임 등 그 과정에서 아이들은 문화적 토대에서 배워 온 대로 자기 생각과 감정을 표현한다. 그리고 타인의 입장을 고려하여 함께 갈등의 해결책을 찾아간다. 자신을 표현하는 과정에서 우리는 관계를 배워 간다. 우리는 표현하고, 들을 때 비로소 '대화' 한다고 말한다. 앞서 말한 나눔, 다듬고 세우기, 대화 모임에서 가장 중요한 약속은 '경청'이다. 학교생활 전반에서 경청하는 문화를 만들어 간다. 우리는 서로의 말에 귀 기울여 들어 줄 때 존중받는다고 느낀다.

　실제적인 배움을 위해 타 과목과 협력하여 프로젝트를 진행하기도 한다. 발표를 예로 들면 다른 학년, 부모님, 외부 손님들을 반드시 청중으로 참여하도록 준비한다. 청중 앞에서 발표와 질의응답을 하면서 아이들은 성장한다. 학년마다 발표를 할 수 있는 기회가 있기에 배운 점을 정리해 두고, 다음 기회에 지난 피드백을 바탕으로 한층 성장한 발표를 준비한다. 글쓰기 또한 마찬가지이다. 우리 반, 학교뿐만 아니라 사회라는 공동체를 회복하고 세워가는 데 글을 사용하도록 한다. 문제를 건의하는 글을 쓰거나, 그 문제를 함께 해결하도록 독려하는 글을 쓰면서 우리가 쓴 글을 활용하는 긍정적인 경험을 쌓아 간다. 이 과정을 통해 국어 능력뿐만 아니라, 우리가 사는 세상을 회복해 가기 위한 가치관이 형성되고, 또한 성장하는 것을 본다. 이와 관련한 자세한 예시는 뒤에 소개하려 한다.

문학을 스스로 향유하며 삶을 풍요롭게

우리는 아이들이 문학을 스스로 향유하며 자라가길 기대한다. 그러나 바쁜 사회 속에서 책을 꺼내 읽는 것은 결코 쉬운 일이 아니다. 스스로 문학을 향유하기 위해서는 '동기'가 있어야 하며, '선택'할 수 있어야 하며, '감상'할 수 있어야 한다. 그렇다면 아이들은 문학을 어떻게 배워야 할까?

먼저, 문학에 다가설 수 있는 동기를 가지도록 도와야 한다. 성인이 되면 문학은 의무보다는 선택의 영역으로 넘어간다. 그때 진정한 국어교육의 힘이 실현된다고 볼 수 있다. 가장 중요한 것은 문학을 접했을 때 삶을 풍요롭게 했던 경험이 있었는가이다. 우리는 한 권의 책을 읽으면서, 하나의 시를 읽으면서 때론 즐거움, 상상, 공감, 깊은 깨달음을 경험한다. 그 작품이 자기 인생의 작은 방향을 바꾸기도 하고, 때로는 전체를 뒤집어 놓기도 한다. 몸이 자라 가듯 정신적인 성장을 이루어가는 것이다. 문학을 향유하면서 느끼는 정신적 성장은 아이들이 스스로 문학에 다가가는 힘을 길러 준다. 이 경험 자체가 아이들의 삶을 풍요롭게 한다. 그리고 그 과정을 스스로 정립해 가도록 '문학은 우리의 삶에 왜 필요한가'라는 질문을 끊임없이 던지며 답을 찾아간다. 간단했던 답이 점차 구체화하고 자신의 경험이 되어 가는 것을 본다. 이 질문과 답이 아이들의 동기를 단단히 붙잡아 주리라 기대하며 매 학기 질문을 던지고 답을 찾아간다.

더불어서 책 전체를 읽는 것도 아이들에게 동기를 줄 수 있다. 샬롯 메이슨은 작가가 쓴 있는 그대로의 책인 '살아 있는 책'을 읽혀야 한다고 했다. '살아 있는 책에는 생명과 감정이 있고, 사람들이 결혼하고 죽는 이야기들이 담겨 있다.' 이야기학교에서는 시간이 들어도 작품 전체를 보고 감상하도록 하고 있다. 작품 전체를 볼 때 가장 좋은 점은 아이들이 작가가 의도하고자 하는 바를 전체적으로 이해할 수 있다는 것이다. 책을 읽고 질문을 던지고, 답을 하는 과정에서 작품 전체 속에 담긴 의미를 연결해서 해석한다. 작가가 숨겨 놓은 메시지들과 가치를 작품 곳곳에서 찾아내는 것이다.

　두 번째로, 문학을 스스로 선택할 수 있도록 도와야 한다. '좋은 책이란 무엇인가?' 이 주제를 가지고 성북구 한 책 추진단에서 진행하는 한 책 선정 프로젝트에 참여한다. 초등 전 과정이 함께 참여하여 책을 읽고 좋은 책이 무엇인지 고민하고 기준을 선정한다. 선배들, 부모님, 친구들의 의견을 들어 보기도 한다. 함께 그 과정을 토의하고 우리만의 좋은 책에 관한 기준을 선정하여 책을 심사한다. 중등 과정에서는 한 책 추진단의 후보 도서를 선정하고 토론하는 과정에 직접 참여하기도 한다. 지역 사회의 책을 읽는 문화를 만들어 가는 경험까지 하는 것이다. 또한 타 과목과 연계하여 진행하는 프로젝트에서 주제별 독서를 할 때 스스로 책을 선정하도록 기회를 열어 준다. 책을 직접 선정할 때 고려할 사항에 대해 안내를 해 주고, 직접 책을 선정하도록 한다.

　세 번째로, 문학을 스스로 '감상'할 수 있도록 도와야 한다. 작품을 감상하고 해석할 때 분명 필요한 지식이 있다. 가령 소설의 구성 요소,

시를 감상하는 방법, 표현법 등이다. 중요한 것은 이걸 왜 배워야 하는가이다. 이 과정은 문학을 감상하고 토론하기 위한 밑바탕이 된다. 내용을 깊이 이해했을 때 질문을 던질 수 있고, 그에 따른 답을 하며 문학 작품을 더 깊이 이해할 수 있기 때문이다. 작품에 대한 기본적인 이해를 바탕으로 '책 토론'을 배운다. 초등 과정 때는 좋은 질문들을 배우고 그 질문에 답을 하는 걸 연습한다. 무한한 호기심을 가진 아이들은 교사보다 더 좋은 질문들을 수시로 던진다. 그 질문과 답을 통해 문학을 깊이 감상해 간다. 질문과 답을 정리하고, 다시 고민하는 과정을 거치고 짧게 혹은 길게 정리하며 수업을 마무리한다.

보이지 않는 힘, 사고력

사고력(思考力)은 생각하고 헤아리는 힘을 의미한다. 사고력은 이치에 맞게 생각하고 판단하는 힘이라고도 말할 수 있다. 생각하는 힘이 우리의 삶에 왜 필요할까? 삶에는 다양한 상황, 사람, 사물이 존재한다. 다각적으로 펼쳐지는 삶의 순간마다 사고력은 큰 힘을 발휘한다. 또한 어떤 가치관과 관점으로 상황과 사건을 바라보는가는 삶의 방향을 결정한다. 이러한 사고력을 기르도록 어떻게 도울 수 있을까?

앞서 말했듯이 문학 작품이나 책 속에는 다양한 사람, 상황 즉, 삶이 담겨 있다. 책을 통해 우리는 다양한 삶을 들여다본다. 그리고 거기에서 멈추지 않고 계속 질문을 던진다. 책이 말한 상황에서 우리는 어떻게 반응할지, 내가 그 사람이라면 어떻게 문제를 해결해갈지, 어떤 것이 지혜롭고 올바른 판단일지를 다양한 방면으로 고민하고 생각한다. 즉, 작품을 매개로 다양한 질문을 던지고 답을 하기 위해 근거를 찾고, 다시 질문을 던지고 또 다른 답을 도출하기 위해 끊임없이 생각한다. 그 과정들 속에서 아이들의 사고력은 자라 간다.

지금 당장 답을 내릴 수 없는 질문들도 많다. 그건 삶 또한 동일하다. 하지만 함께 고민하면서 아이들은 그 주제에 관한 생각의 물꼬를 튼다. 이 과정에서 아이들은 점차 생각하는 힘을 갖춰 간다. 어느 때는 자기 자신에 관한 깊은 성찰을 하기도 한다. 문제 상황에 대해 분석하고, 토론하고, 문제 상황을 비판하기도 한다. 작품의 상황과 유사한 신문 기사를 찾고, 그 상황에 관해 대화하기도 한다. 이 상황을 어떻게 해석해야 하는지, 문제 해결을 위해 필요한 것은 어떤 것인지, 우리가 끼칠 수 있는 긍정적인 영향은 무엇인지 토론한다. 글을 쓰기도 하고, 발표하기도 하고, 시를 쓰기도 한다. 현재 문제를 당장 해결할 수 있는 것도 있지만, 오랜 시간에 걸쳐 고민하고 해결해야 하는 것도 있다. 그 과정에 아이들이 참여하고 함께 고민했다는 것 자체로 아이들은 배운다.

국어 과목에서 세상을 자세히 들여다보고 회복해 가기 위해 노력하는 발자국들은 이야기학교 철학과도 이어진다. 그리고 이 과정 가운데 참여하는 교사 또한 삶을 고민해야 하며, 사회 문제를 들여다봐야 한다. 아이들과 같이 치열하게 생각하고 토론해야 하며, 해결 방안을 함께 고민해야 한다. 그 과정이 쉽지는 않지만, 아이들과 함께 교사도 성장해 간다. 아이들에게 던지는 질문과 아이들이 던져 주는 질문들이 점차 넓어지고 깊어지면서 그 자체로 의미 있는 과정이 된다. 이렇게 함께 생각하고 고민하는 힘을 통해 복잡한 삶의 질문들에 대한 답도 찾아가는 아이들이 되길 기대한다.

국어를 어떻게 배우고 있나요?

책을 통해 기초를 다지는 초등 과정

이야기학교는 일반 학교와 달리 교과서를 사용하지 않는다. 대신 다양한 독서와 관련 활동을 통해 한글을 익히고, 실제적인 경험을 통해 국어의 필요성을 느끼도록 한다. 국어 교육 과정에서 다루는 기본 요소들은 국어 수업과 학교생활 전반에 녹여두었다. 이에 대해서는 앞서 밝혀두었으므로, 여기에서는 초등 국어 수업 중에 이뤄지는 배움의 과정을 다루고자 한다.

첫 번째로 문학 독서를 통한 국어 교육을 한다. 문학 분야의 책을 읽고 질문을 통해 깊이 사고하는 방법을 학습한다. 매 학기 수업 중에 아이들은 서너 권의 문학책을 충분히 정독한다. 정독한 책에 대한 자기 생각을 글로 자유롭게 표현하면서 문학이 주는 즐거움을 느낀다. 자신이 쓴 글을 읽고 나누면서 타인의 이야기에 경청하는 법도 배운다. 함께 생각해 볼 만한 질문은 로이독서[2] 교재를 사용하거나, 스스로 또는

---

2 '엘 로이(깊이 살피시는 하나님)'라는 성경 표현에서 의미를 가져온 기독교 독서 교육

함께 만들어 가기도 한다. 이러한 과정을 통해 아이들의 생각 폭은 더욱 넓어지고, 자신과 타인, 세상을 살피는 힘이 길러진다.

두 번째로 독후 활동과 프로젝트를 통한 국어 교육을 한다. 독후활동은 읽은 책과 연관 지어 다양한 활동을 하는 것을 의미한다. 활동은 주로 교사가 제시하지만, 대안 학교 특성상 아이들이 원한다면 언제든 하고 싶은 활동을 실현할 수 있다. 이를 통해 아이들은 말하기/듣기, 쓰기/문법, 읽기의 기초 역량을 기른다. 또한 프로젝트, 문화 활동 및 여행 캠프 연계 수업, 외부 수업 또는 공모전 참여 등 다양하게 제시되는 영역에서 국어 역량을 실제로 활용하며 자신의 것으로 만들어 간다. 이러한 과정을 통해 국어 역량뿐만 아니라 타인과의 협력, 문제 해결 능력, 사고력 등도 자연스럽게 함께 길러진다.

세 번째로 타 과목 독서를 통해 국어 교육의 지경을 확대한다. 국어 시간에는 주로 문학 도서를 다루지만, 타 과목 연계를 통해 비문학 도서도 접할 수 있다. 사회, 과학, 역사 등의 독서 시간을 통해 각 과목의 지식을 폭넓게 학습하고, 배움의 지경을 확대한다. 더불어 자유 독서 시간에 아이들은 독서의 즐거움과 흥미를 경험하며 책을 읽는 태도를 기른다. 모든 독서 시간에는 분량, 난이도, 시간 등을 고려하여 자율적으로 독서 계획을 세워 실천한다. 교사는 읽은 내용을 잘 정리하는지, 생각과 느낌을 드러내기 위해 적절한 표현을 사용하는지, 편협한 독서를 하지는 않는지 등을 점검한다.

초등 국어 교육은 아이들에게 말하기/듣기, 쓰기/문법, 읽기의 기초 역량을 기르게 하고, 이를 실제로 경험하며 익힘으로써 국어가 삶의 일부임을 깨닫게 한다. 그런데 오늘날 많은 미디어 매체들이 아이들을 어린 나이부터 글과 멀어지게 하고, 영상 자료 없이는 사고와 상상을 할 수 없게끔 만들고 있다. 이야기학교는 단순하더라도 가장 기본적인 과정을 통해서 아이들이 글과 친해지도록 돕는다. 더불어 학교생활 곳곳에 스며든 국어 교육의 영역 속에서 실질적인 역량을 자연스럽게 기르도록 안내한다. 그 가운데서 교사는 변화하는 아이들의 특성에 맞춰 다양한 독후 활동과 프로젝트를 개발하기 위해 분투할 수밖에 없다. 대안 학교이기에 영역의 제한이 없고, 실패를 두려워하지 않아도 된다는 것은 큰 장점이다. 그러한 자유로움 속에서 교사와 학생은 '삶에서 즐기는' 국어 교육을 경험한다.

실제적인 삶을 준비하는 중등 과정

중등 과정에서는 학생들이 성인이 되었을 때를 대비하여 실제적인 삶의 도구로써 국어를 배우고 활용할 수 있도록 하는 것에 중점을 맞추고 있다. 문학, 프로젝트, 독서 분야로 나누어 국어 수업의 실제를 설명하고자 한다.

첫 번째로, 문학 수업과 프로젝트이다. 중등 과정에서 소설, 시, 수필, 극 문학의 전 분야를 깊이 있게 학습하도록 한다. 프로젝트 주제와 연관하여 작품을 감상하고, 더 나아가서 직접 작품을 생산하고 창조하는 데까지 이르도록 한다.

7, 9학년은 중등 수준의 소설을 학습한다. 책이나 작품의 전문을 읽고 독서 노트를 작성하며 질문을 생성하고 토론하여 책을 깊이 감상하는 연습을 한다. 더불어서 출판사에서 진행하는 프로젝트나 성북구 한 책 추진단에서 진행하는 청청 프로젝트, 한 책 선정 프로그램과 연계한 활동도 진행한다. 타 학교 학생들, 지역 주민과의 토론은 아이들의 생각 폭을 넓혀 준다.

9학년 부모 전기문 프로젝트는 진로 수업과 연계하여, 부모님의 삶을 전기문이라는 하나의 책으로 만드는 수업이다. 부모님의 삶을 깊이 이해하고, 부모님의 삶과 이어져 있는 자신의 삶을 돌아보는 작업이다. 부모님을 인터뷰하고 그 내용을 하나의 책으로 정리하여 선물하는 과정을 통해 부모님과의 관계를 개선하는 것도 목표로 하고 있다. 이 프로젝트 안에는 시 이론을 학습하고, 부모님을 주제로 한 시를 감상하며, 시를 직접 창작하는 과정도 포함되어 있다. 그리고 최종적으로 전달식을 계획하여 각자의 부모님께 전기문을 전달한다.

8학년은 수필과 극을 프로젝트 수업으로 학습한다. 수필, 극을 감상하고 토론한 후에, 자신만의 작품을 써내는 것이 최종 과제이다. 한 학생이 '자전거 여행'을 주제로 쓴 수필을 소개한다. 순간의 경험을 진솔하게 자신만의 색깔대로 표현하는 모습이 아름답다.

'믿는다는 것은 무엇일까? 잘 갈 거라고 생각하는 걸 넘어선 확신이 있는 걸까?' 깊게 생각해 보자 약간의 생각이 확신으로 바뀌었다. 지금 생각해 보면 우리 조원들이 모두 하나였던 그 마음은 '정확한 경로로 가길 바라는 마음'이 아닌 '말하지 않아도 OO 형은 자신의 역할에 최선을 다하고 있는 것, 그럴 것이라고 믿는 것'이었던 것 같다. 이 마음가짐은 단순히 믿는 것이 아닌 신뢰의 힘에 있다. 아침엔 OO 형에게 화를 내진 않았던 모두의 행동을 이해하기 어려웠는데 그때 다시 한번 생각해 보니 '그들의 공동체성은 매번 해왔던 자전거 여행으로 단련되어 있구나.'라고 느꼈고 '이야기학교에 오래 다녔다고 생각한 내가 이런 걸 몰랐네.'라고 조금 놀라면서 자전거 여행에 다니며 이렇게 강한 공동체 의식이 있는 선배들에게 존경심을 느꼈었다. 새로우면서 진귀한 경험이었다.

이와 더불어 사회 교과와 연계해서 두 가지 프로젝트도 진행한다. 인권을 주제로 한 비문학 책을 읽고, 토론하여 주장하는 글을 써내는 인권 프로젝트와 다양한 후보들의 공약을 정리하여 중등 선후배 앞에서 발표하는 선거 프로젝트이다. 아이들은 실제 청자가 있는 발표회에서 좀 더 신경 써야 할 부분들을 명확하게 경험한다. 자신의 장점과 보충해야 할 점을 직접적으로 파악하는 계기가 되기도 한다.

10학년은 고전 문학을 연대별로 학습한다. 우리나라의 문학 작품들에 대해 배우고 아는 것은 그 속에 담긴 정서와 가치를 배우는 것이기에 중요하다. 기말 에세이로 자신이 정한 주제에 대해 고전 작품과 현대의 상황을 연계하여 자기 생각을 서술한다. 이 과정을 통해 고전 작품을 향유하는 것과 더불어 그 가치에 대해서도 알아 가길 기대한다. 훈민정음을 학습하면서 한글 프로젝트를 진행하기도 한다. 직접 자료를 조사하고, 한글 주제 책을 읽으며 수업을 계획하여 5~6학년에게 한글 수업을 실행한다. 한글에 관해 강의를 하기도 하고, 5~6학년의 한글 박물관 탐방을 계획하기도 한다. 수업을 준비하면서 한글에 관해, 세종 대왕에 관해 알지 못했던 흥미로운 사실들을 발견하며 깊이 배워 간다.

11학년은 고등 수준의 현대 소설과 시를 학습한다. 앞서 말했듯이 단편 소설의 전문 그대로를 읽고 토론하기 때문에 전체적인 내용을 정리하고 해석해 내는 것 자체로 배움이 된다. 그 과정에서 작가의 의도를 직접 찾아보기도 하고, 다른 자료들도 조사하며 궁금증을 해결해 간다. 그리고 감상한 내용들을 서평의 형태로 써내며 정리한다. 2학기에는 현대 시인들의 시를 시인의 삶과 함께 감상하며 시 자체가 주는 풍부한 문학적 풍요를 느낀다. 시인 발표를 통해 쉽게 알기 어려운 시인의 삶과 시들을 깊이 감상한다. 더불어서 이야기학교 학생들의 시를 알리는 프로젝트를 진행한다. 시 공모전을 열기도 하고, 축제 때 드릴 팸플릿을 만들어 다른 사람들에게 학생들의 시를 알린다. 이 과정을 통해 아이들은 계획하고 실행하는 것은 어렵지만 시를 받아 본 사람들의 후기를 들으며 시를 나누는 것의 즐거움을 자연스럽게 배운다.

두 번째는 독서이다. 중등 과정에서는 한 학기에 4권의 책을 읽어야 한다. 지속적인 독서를 통해 책을 읽는 습관을 기르기 위해서이다. 균형 잡힌 독서를 위해 문학 2권, 비문학 2권을 읽는다. 책을 선정한 후에는 교사와 수준을 조금 더 높여야 할지, 더 글감이 많은 책을 읽어야 할지 논의한다. 독서 에세이는 자유롭게 2쪽 이상을 작성하여 제출한다. 에세이를 작성할 수 있도록 수업 시간에 에세이를 작성하는 방법과 피드백을 받아 글을 수정하는 방법을 배운다. 지속해서 피드백을 받고 글을 다듬어 가는 과정이 중등 수업 속에 반복적으로 배치되어 있다. 이 과정을 어려워하는 학생과는 개별로 논의하여 글의 분량을 줄이거나, 글의 형식을 제공할 수 있도록 한다.

배움의 때를 기다리는 교사

2021년 서울 시장 보궐 선거가 있던 날. 8학년 아이들은 아침부터 분주했다. 선거 인명부와 투표지를 인쇄하고, 자신의 발표문을 인쇄해서 읽어 보고, 의자를 배치하고 마이크를 설치하는 등 모의 선거로 아침부터 분주했다. 교사도 함께 분주하게 움직였다. 아이들은 각 후보의 공약을 정리해서 발표를 준비했지만, 아직도 이해되지 않은 어려운 내용이 있었던 것 같다. 쉬는 시간에도 찾아와 질문했다.

"선생님, '생활 동반자 제도'가 뭐예요?"

인터넷 검색으로 함께 법을 찾아보고 설명해 주었다. 이해가 되었는지 고개를 끄덕이고 돌아갔다.

모의 선거 하루 전날, 아이들이 만든 투표 용지를 살펴보니 문제가 있었다. 후보자들의 이름을 모두 넣지 않고 몇 명만 추려 넣은 것이었다.

"왜 모든 후보의 이름이 없니?"

"우리가 발표 준비한 사람들만 투표하는 것 아닌가요?"

"실제 후보가 어떤 사람들이 있는지 모두가 알 권리가 있기 때문에 전부 넣어야 해."

아이들이 만든 투표 용지를 살펴보니 실제와 다른 모습이었다. 실제와는 다르다고 피드백을 해 주고, 실제 투표 용지 모습을 보기 위해서는 인터넷에서 참고하여 만들어야 한다고 말해 주었다. 이후 투표용지를 수정하는 모습을 옆에서 지켜보다 보니 파워포인트 프로그램으로 투표 용지를 만드는 걸 어려워하는 것 같았다.

'바로 이때다!'

필요한 기술에 대해서 알려 줄 때가 되었다. 컴퓨터 교사는 아니지만 표를 만들고 글씨의 간격을 조정하는 등의 기술들을 알려 주었다.

사회 시간에 프로젝트를 진행하면 항상 볼 수 있는 일이다. 아이들이 직접 모든 것을 계획하고 준비하지만, 교사가 보기에는 구멍 난 부분이 많다. 아이들은 스스로 해 나가며 익히는 부분들에 대해서 도움을 요청하고, 교사가 피드백을 줄 때 아이들은 배움의 필요성을 느끼고 배워 간다. 그때를 놓치지 않도록 아이들 곁에서 지켜보아야 한다.

아이들이 스스로 배워 가지만, 그 길에서 옆에 동행하며 적절한 도움을 주고 방향을 안내해 주는 역할을 해야 한다.

삶을 배운다는 것

교내 모의 선거 결과와 실제 결과는 조금 다른 면이 있었다. 실제 선거 결과를 알게 된 다음 날, 아이들과 수업 시간에 이야기를 나누었다.

"이야기학교 투표 결과와 실제 결과를 비교해 보니 어떤 생각이 들었니?"

"이런 적이 없었는데, 개표 순간이 너무 기다려지고 설렜어요."

"사람들이 현재 집권하는 당에 실망한 것 같아요. 그래서 이런 결과가 나온 것 같아요."

"전 투표율이 80%는 기본으로 나올 줄 알았는데, 50%가 나와서 놀랐고 보궐 선거로는 이게 높은 편이라고 하니 놀랐어요."

"의무 투표제를 해야 할 것 같아요."

"사람들은 공약을 보기도 하지만 어떤 당인지도 중요하게 보고 투표하는 것 같아요"

모의 선거 프로젝트는 아이들이 선거에 관심을 두고, 투표의 중요성에 대해서 마음으로 받아들이는 계기가 되었다. 아이들은 프로젝트를 하면서 이론으로 배웠던 정치 참여의 중요성에 대해서 온몸으로 깨달은 것 같다. 교사가 바라던 프로젝트의 목표가 달성된 순간이다. 정치 참여에 대한 시민의 태도를 배웠다는 생각에 기쁨을 감출 수가 없었다. 기술과 지식뿐만이 아닌 삶의 태도를 배우기를 원하기에 찾아오는 기쁨이었다.

정치는 삶에 가깝지만, 학생들이 거리감을 느끼기 쉬운 과목이다. 내 삶에 영향을 미치지만, 우리가 직접적으로 느끼지 못하고 사는 부분이 많다. 일반 학교에서 배우고 자랐던 나는 정치라는 과목을 배우면서 대통령제가 무엇인지 의원 내각제가 무엇인지 배웠다. 또 선거는 민주주의의 꽃이며 시민이 정치에 참여하는 방법이라는 것을 알게 되었다. 관련된 내용으로 시험을 봐도 꽤 성적이 좋았다. 하지만 그 배움은 실제 정치에 대해서 크게 관심을 두게 하지는 않았다. 이번에 뽑힌 대표가 나에게 어떤 영향을 줄지, 어떤 정책이 올바른 것인지 생각해 보는 것은 학교에서 고민할 시간을 주지 않았다.

삶과 동떨어진 교육을 할 수는 없다. 삶을 위한 교육을 해야 한다. 이것은 이야기학교 교육의 방향과도 맥락을 같이한다. 사회에서 다루는 정치, 사회, 경제, 문화 등의 다양한 영역에서도 삶을 위해 준비해야 할 것들을 고민해야 한다. 그래서 이야기학교 모의 선거 프로젝트에는 투표 시간만 있는 것이 아니다. 이야기학교 5학년부터 12학년 아이들이 모여서 정의로운 정책과 관련된 토론을 한다. 노인, 여성, 장애인 등의 사회적 약자와 관련하여, 그리고 노동 문제, 경제 문제, 환경, 안전, 아동 청소년 등 다양한 영역에서 올바른 가치를 실현하고 정의로운 사회가 되기 위해 현재 어떤 정책이 필요한지 토론한다.

5학년부터 12학년까지 각자 관심 영역에 들어가서 서로 이야기를 듣고 의견을 모은다. 짧은 시간에 이루어지는 토론이기에 정책을 실현하기 위한 구체적인 방안까지 논의되지는 않는다. 그러나 적어도 내가 후보를 선택할 때 어떤 부분을 고려하여 살펴보아야 할지 알기를 원하기에 꾸준하게 이 주제에 관해서 토론을 시도한다. 우리가 삶을 살아갈 때 필요한 부분을 고민하고 '샬롬의 관점'을 갖는 시민의 태도를 갖추기 위한 작업이다. 이것이 이야기학교 사회과 교육의 목표이다.

> '하나님이 만드신 창조 세계, 사회 제도와 현상들에 대한 기본 개념과 원리를 발견하고 이해하여 사회 문제에 대한 샬롬의 관점과 평화를 만들어가기 위한 실제적인 변화를 주도해 가는 하나님 나라의 시민 정신을 갖도록 돕는다.'

'샬롬의 관점'을 갖는 시민 정신을 프로젝트에서 진행하고, 프로젝트에 참여하는 아이들 모두가 배우기를 바란다. 이러한 샬롬의 관점을 갖는 시민 정신을 함양하기 위한 가장 기본적인 태도가 무엇일까? 협력과 상호 존중의 태도, 그리고 다른 사람의 이야기를 듣는 것, 성찰적 태도이다. 이러한 태도가 바탕이 되어 정치, 경제, 지리, 문화 등의 다양한 영역에서 문제를 발견하고 회복을 위한 실제적인 행동으로 확장되어 간다. 회복적 생활 교육이 그 밑바탕이 되어 주며, 사회 시간에는 조별 활동, 서로 가르치기, 토론과 피드백을 통해서 이런 태도를 형성해 간다.

협력과 상호 존중의 태도를 갖추어 가는 것은 수업의 형태에도 담겨 있다. 수업을 하기 위해 교실에 들어가면 가장 먼저 아이들은 책상을 옮긴다. 서로 마주 볼 수 있도록 자리 배치를 원으로 바꾼다. '사회 시간에는 이렇게 앉아야 함'이라고 아이들 안에 자리 잡혀 있다. 배우는 내용뿐만 아니라 중요한 것은 교실의 분위기와 문화이다. 교실 안에서 공동체가 되어 서로 도와야 한다. 서로를 돕기 위해서 때로는 피드백을 주고받아야 한다. 자신의 이야기를 스스로 할 수 있어야 하고, 스스로 돌아봐야 하는 문화를 만들어야 한다. 이런 문화와 분위기를 통해 아이들은 기본적인 태도를 갖춘다.

아이들이 사회 각 영역에 회복이 필요하다는 것을 알고, 그것을 위해 실제로 각 영역에서 행동하는 그리스도인이 되기를 바란다. 평화를 만들어 가기 위한 실제적인 변화를 주도하는 시민으로서의 태도를 갖추기 위해서 기본적인 개념도 익혀야 하며, 다양한 관점에 대해서도 알아야 한다.

삶과의 연결

공원으로 숲 체험을 떠나는 길, 방위를 배운 4학년 아이가 반짝이는 눈으로 질문한다.

"선생님, 이쪽이 북쪽 맞죠?"

이 순간, 교실 속 배움이 일상에 닿는다.

배움이 아이들에게 '재미'가 있기를 바란다. 수업의 이름을 '꿀잼 사회'로 정한 것도 나름의 이유가 있다. 아이들이 배움의 즐거움을 느꼈으면 좋겠다는 바람이 들어 있다. 배움의 과정에서 즐거움을 느끼게 하려고 보드게임, 역할극, 조별 활동, 게임, 그림 그리기 등 수업 방법의 다양한 변화를 주기도 한다. 그러나 수업의 방법을 흥미롭게 하는 것만이 '재미'의 전부는 아니다. 근원적으로는 삶과 연관되어 있을 때 느끼는 즐거움과 스스로 연구하는 과정에서의 즐거움을 느끼기 원한다. 이런 즐거움을 느끼는 수업 방법 중 하나는 프로젝트이다. 삶과의 연결, 그리고 스스로 연구하는 즐거움이 공존한다.

사회 수업에서는 지리, 정치, 법, 문화 등의 다양한 영역에서 여러 프로젝트에 도전한다. 그 중에서는 인권과 기본권에 대하여 배우고 학교 밖 청소년들의 권리를 찾기 위해 정책을 제안하는 프로젝트도 있었다. 국어, 지역 사회 교과와도 연계하여 자신들의 권리를 요구할 수 있는 과정을 경험해 보기도 했다. 세계의 환경 문제를 배우고, 학생 한 사람 한 사람이 환경 운동가로서 우리 주변에서부터 환경 문제를 해결해 나가는 프로젝트도 꾸준히 진행되고 있다. 급식에서 제공되는 우유팩을 씻어서 재활용할 수 있도록 모아 기부하는 활동은 한두 번에 그치지 않고 환경 문제의 심각성을 마음으로 공감한 아이들이 자발적으로 참여하여 유지되고 있다. 이렇게 아이들은 수업 시간에 진행되는 다양한 프로젝트를 통해 사회를 만나고 있다.

또한 삶과의 연결을 위하여 수업에서 함께 현재 일어나는 일에 대해 생각하고 자유롭게 이야기한다. 뉴스와 신문을 통해 각종 이슈, 사회의 문제들을 본다. 전 세계적으로 영향을 미친 코로나19로 인해 삶의 모습들이 바뀐 상황을 보며 아이들과 함께 고민하며 토론하기도 했다.

'등교 수업 대신 확대된 온라인 학습은 사회화에 어떤 영향을 미칠까?'

'코로나 19로 인하여 변화된 사회에서 찾아볼 수 있는 사회 불평등 현상은 무엇이 있는가?'

아이들이 삶과 닿아있는 질문을 고민하고 다양한 생각과 관점들을 수업 시간에 제시할 수 있는 것이 필요하다. 이는 아이들이 직접 세상을 이해하고 삶에 대한 고민을 계속해 나갈 수 있도록 생각의 과정을 연습시키는 것이다. 아이들이 끊임없이 삶을 위한 고민을 하고 행동하기 위해서는 교사의 질문이 중요하다.

시간과 공간의 제한을 뛰어넘어

이야기학교의 교육 목표를 달성하기 위해서는 수업 시간만이 아니라 교실 밖에서 일어나는 다양한 경험이 수업이 된다. 이야기학교에서는 다양한 경험을 할 수 있도록 기회를 만들어 주기 때문에 교과목을 학습하는 시간은 적은 편이다. '사회' 수업도 일주일에 한 시간이 공식적인 '사회' 수업 시간이다. 하지만 그 시간만이 사회를 배울 수 있는 시간은 아니다. 배움은 수업 시간에만 이루어지지 않는다. 일생 생활 안에서도 배움은 일어난다. 아이들은 학교 안에서 일어나는 다양한 순간에 사회 시간에 배우는 내용을 적용할 수 있고, 교사는 그 순간을 통해 가르칠 수 있다.

　5~6학년은 수업 시간에 쓰는 노트, 그리고 가정에서 스스로 배우는 시간, 독서 시간을 활용해서 배운다. 경제, 법, 정치, 인권 등 그 학기에 배우는 내용과 관련된 책을 아이들이 골라서 읽고, 내용을 스스로 정리한다. 수업 시간의 배움에서 중요하게 여기는 것은 삶의 적용이다. 배운 내용을 내 삶에서 어떻게 적용할 수 있을지 고민하게 하는 과정은 내용을 이해하는 것만큼이나 중요하다. 읽은 것, 배운 내용을 곱씹어 생각해 보고, 자신의 말로 정리하는 과정을 어릴 적부터 연습하도록 한다. 월요일마다 실시하는 자치 회의는 시민으로서의 참여 의식과 태도를 기른다. 초등 과정에서 진행되는 마을 잔치 시간에는 부서마다 음식을 만들고, 사고, 팔면서 경제를 배워 간다.

　전 학년에 걸쳐서 떠나는 여행 캠프에서는 학생들이 삶을 배우고 그 안에서 책 속에, 교실 안에 있던 개념을 삶의 현장으로 가지고 온다. 여행하는 지역에서 만나는 자연과 사람들 그리고 다양한 문화들을 현장에서 느낀다. '집중 수업 주간'을 통해서 오감으로 세계를 만난다. 한 국가에 대해서 역사, 지리, 문화, 사회 문제 등을 한 주간 동안 다양한 교과목 교사, 전문가, 선교사, 현지인 등 다양한 인적 자원을 통해서 배운다. 세계에 대한 이해를 사회 수업 시간 하나로 배우는 것이 아니라 전 교과, 다양한 경험을 통해 배울 수 있기에 교재와 수업 시간을 뛰어넘는 배움이 있다. 이러한 다양한 교육 활동은 부족한 수업 시간을 메꾸고도 남는다. 어쩌면 오히려 수업 시간 내에 할 수 없는 내용을 더 깊이, 현실감 있게 배울 수 있기에 시간이라는 한계, 교실이라는 물리적 한계, 한 명의 교사가 가르치는 한계를 뛰어넘는다.

수업을 통해 단순히 개념을 배우고 끝나는 것이 아닌, 샬롬의 관점을 갖고 실제로 사회의 회복을 주도해 가는 아이들이 되었으면 좋겠다. 하지만 그러기엔 교사인 내가 다양한 영역의 회복을 주도해 보는 경험이 더 필요하다. 교사가 가진 시야만큼 아이들은 볼 수 있으며, 교사의 역량만큼 아이들은 배우기 때문이다. 교사가 교과서이며 모델이기에 내가 먼저 하나님 나라 시민의 태도가 삶에 배어 있어야 한다. 하지만 모든 영역의 전문가가 아니기에, 자신의 영역에서 고민하며 샬롬을 만들어 가는 사람들을 연결해 줄 수 있어야 한다.

환경, 생태와 관련된 NGO와 함께 수업하면서 아이들은 환경을 위해 어떻게 행동해야 하는지 환경 운동가들을 통해 배운다. 사회적 기업창업 수업을 하면서 비즈니스 영역에서도 사회 문제를 해결해 가고 통일 시대를 준비해 가는 창업가들의 이야기를 듣고, 자신의 관심 영역에서 사회 문제를 해결하는 비즈니스를 기획해 본다. 앞으로 더 나아가 교사로서 다양한 영역에서 사회의 회복을 만들어가는 어른들을 연결해 주어 사회 교과목이 목표로 하는, 더 나아가 이야기학교가 만들고 싶은 샬롬을 누리고 만들어 가는 사람이 되기를 기대해 본다.

'가치'가 반영된 역사 교육 과정을 찾아서

역사 수업에서 활용하는 교과 지식의 내용은 크게 변하지 않는다. 몇천 년 전의 역사가 갑자기 뒤바뀔 일도 크게 없을 뿐더러, 새로운 역사적 사실이나 발견이 이루어졌다 하더라도 그것에 대한 학계의 검증을 거쳐 이견 없이 교과서에 실리기까지는 엄청난 시간이 소요될 수밖에 없기 때문이다. 그렇기에 학년이 올라감에 따라 아이들이 학교에서 배우는 역사는, 내용이 심화 될 수는 있으나 계속해서 반복될 수밖에 없고, 반복되는 만큼 따분해하고 지루해한다.

2014년, 처음 이야기학교에서 역사 교사를 시작하며, 초등 1학년부터 12학년까지의 역사 교육 과정을 세워야 했다. 가치와 세계관이 반영된, 이 사회에서 그리스도인으로서 살아갈 아이들을 위한 역사 교육에 덧붙여 아이들이 재미있게 배울 수 있는 요소들도 포함되어야 했다. 몇 년에 걸쳐 방학 중에는 교사 스터디와 각종 도서 및 논문을 참고하여 교육 과정을 구상하고, 학기 중에는 이에 맞춰 수업을 진행했다. 그리고 다시 피드백을 받아 수정하고 보완해 나가는 작업이 이어졌다. 교육 과정 편제도 여러 번의 수정 과정을 거쳐 교육 과정을 만들어 나갔다.

기독교적 역사의식 함양

- 역사 사실 이해: 창조, 한국사, 세계사 연대기를 통한 흐름 파악
- 다양한 역사체험 및 역사 특강: 유적지, 박물관 등 탐방, 다양한 역사적 관점
- 주제[독서]토론 역사적 사고 확장: 다양한 역사 독서, 주제 연구 프로젝트
- 탐구학습: 스토리텔링, 자료분석과 해석
- 책임감 및 실천 의식 함양: 글쓰기, 사회 참여, 역사 구성원으로서의 역할과 책임의식

초등	1-2학년	역사 독서
	3-6학년	한국사
	· 역사 연대기 작성 · 역사 체험 활동 연계 · 역사 독서 병행	
중등	7학년 · 9학년	세계사
	8학년 · 10학년	한국사
	11학년	독서 토론 / PBL
	· 독후 에세이, 주제별 발표 · 역사 특강 / 탐방 연계	

이야기학교 역사 교육 과정의 구조

위와 같이 이야기학교의 역사 교육은 1-12학년까지 역사 사실의 이해를 바탕으로 역사 독서, 역사 체험 활동, 여행 캠프, 역사 특강 등 다양한 방법을 통해 기독교 정신이 반영된 역사적 사고력 및 역사 의식을 함양하고자 한다. 이러한 사고력과 의식을 바탕으로 과거를 통해 현재와 미래를 바라볼 수 있는 자신만의 역사관을 가지도록 하고, 나아가 역사 구성원으로서의 올바른 책임감과 실천 의식을 갖추어 나가는 것을 목적으로 한다.

교실과 일상에서 만나는 역사

이야기학교에서 수업하며 가장 좋은 점은 교사에게 교육 과정의 많은 부분에서의 자율권이 허락되어 있었다는 것이다. 이 부분이 교사의 부담을 덜어 줌과 동시에 큰 위안이 되었다. 이야기학교는 일반 학교에 비해 아이들의 수는 적지만, 아이들의 개개인성은 다른 학교와는 비교할 수 없을 정도로 두드러진다. 개개인성이 확연히 드러나는 아이들을 대상으로 수업을 하기에 교사는 그만큼 더 노력을 기울여야 한다.

3학년 아이들과 삼국 시대부터 남북국 시대까지 수업을 했었다. 3학년 아이들에게 신라의 시조인 박혁거세 설화를 이야기해 주면, 아이들은 그 일이 실제로 일어났던 일인지, 과장된 이야기라면 왜 그랬는지, 그리고 왜 건국 시조들은 모두 한결같이 알에서 태어나는지 등등 수많은 질문을 쏟아 낸다. 4학년 수업도 마찬가지다. 아이들은 영상을 그냥 보는 것이 아니라, 자기가 배웠던 내용을 통해 역사적 사실을 고증하며 영상을 시청하였다. 이처럼 아이들의 적극적인 수업 참여와 피드백은 교사를 안주하지 않게 하였고, 더 많은 공부와 준비를 할 수 있게 하였다.

교육 과정을 재구성하며, 필수적인 것들을 넣어 구성하되 시험과 국가 교육 과정에 과도하게 얽매이지 않으니 시도해 볼 수 있는 것들이 많아졌다. 초등 아이들은 윷놀이를 통해 부여에 대해 배웠고, 벽화에 그려진 조우관을 만들어보며 고구려 문화를 알아 갔다. 쌍륙 놀이와 주령구 게임을 통해 백제와 신라 사람들의 문화를 배울 수 있었다. 역할극을 통해 인물의 행동과 생각을 이해해 보았고, 스티커와 지도를 통해 자신만의 연대기 판형을 만들어 나갔다. 이러한 활동은 아이들이 학교 교실 속 수업에서 만나는 역사였다.

중등은 역사 교과서가 검정 체제로 전환되면서 하나의 역사적 사실을 다양한 방법으로 학습할 기회가 생겼다. 예를 들어, "조선의 건국과 통치 체제"와 관련된 동일한 주제를 가지고 A라는 교과서는 정도전의 사상과 관련된 사료를 탐구 활동으로 제시하지만, B라는 교과서는 중앙 통치 기구의 기능과 역할과 관련된 탐구 활동을 제시한다. 그래서 단권화를 통해 아이들이 조금이라도 더 다양한 방법으로 탐구 활동을 할 수 있는 기회를 제공하려고 했다. 아직은 모든 교과서의 모든 탐구 활동들을 담아내지는 못하였지만, 앞으로 점점 더 많은 탐구 활동들을 채워 나갈 예정이다. 이를 통해 아이들이 자신만의 역사 의식을 스스로 세우고 정립해 나가길 기대한다.

각 차시 말미에는 '배운 내용을 자신만의 방법으로 표현하기'라는 공간도 만들어 놓았다. 수업 시간에 배운 내용을 마인드맵, 웹툰, 그림, 요점 정리 등 자기에게 맞는 방법으로 표현하는 것이다. 위에서 언급했듯이 이야기학교는 아이들의 개개인성이 두드러지기 때문에 아이들에게 하나의 일률적인 방법으로 공부하게 하는 것은, 물고기에게 육지에서 살게 하는 것과도 같다고 생각한다. 자신만의 방법으로 표현하기를 도입한 이후 아이들은 저마다의 방법으로 배운 내용을 적극적으로 표현하였다. 사고력이 좋은 아이는 마인드맵으로, 역사적 흐름에 대한 이해가 좋은 아이는 웹툰으로, 섬세하고 표현력이 좋은 아이는 그림으로, 내용 정리를 잘하는 아이는 요점 정리 형식으로 배운 내용을 표현한다. 이렇게 학기마다 진행되는 교사 연수를 통해 비록 같은 교과는 아니지만, 같은 기독교 대안 학교 교사로서 아이들의 개개인성을 드러낼 수 있는 교과서를 만들 수 있게 되었다.

또한 배움의 영역을 확장하여 교실 밖 일상에서도 살아있는 역사를 경험할 수 있도록 하고 싶었다. 500년 도읍의 서울 한복판 '종로구'에 위치한 학교의 특성은 삶과 연결되는 역사를 위한 최적의 입지였다. 아이들은 매주 수요일마다 대중교통을 이용해 근처의 궁궐로, 박물관으로, 유적지로 역사 체험 활동을 떠났다. 다른 과목도 마찬가지겠지만, 역사 과목도 교실에서 텍스트로만 학습하는 것보다는 배운 것을 현장에서 경험하고 체험할 때, 배움에서의 큰 효과가 발생한다. '學'(배울 학)과 '見'(볼 견)이 합쳐져 '覺'(깨달을 각)이 되듯이, 아이들은 교실에서 배운 내용을 현장에 가서 직접 보고 느끼고 경험해야만 진정한 깨달음과 배움을 얻을 수 있다고 생각한다.

역사 체험으로 '돈의문 박물관 마을'을 다녀왔는데, 그곳에서 근현대 시대에 살았던 사람들의 삶을 경험하고 느낄 수 있었다. 특히 마을 안에 있는 새문안 극장에서 〈달려라 하니〉를 본 아이들은 '엄마가 어렸을 때 봤던 만화'라며 엄마의 유년 시절을 경험하고 공감하였다. 우리가 교과서에서 배우는 정치·경제·사회·문화가 아닌, 실제적인 역사, 당시 사람들의 삶에 대한 역사를 역사 체험 활동을 통해 느끼고 배울 수 있다는 사실이 좋다.

역사, 프로젝트와 만나다

"선생님, 고종이 러시아 공사관으로 이동했던 길을 우리도 직접 가 볼 수 있어요?"
"선생님도 그 길은 정확하게 모르겠는데, 너희가 한번 찾아볼래? 갈 수 있는지도 확인해 보면 좋겠다!"

책에 나온 근현대사 유적지가 학교에서 버스로 20분이면 갈 수 있는 곳에 있다니! 아이들은 책과 지도를 살펴보고서는 놀라워하며 흥미를 갖기 시작했다. 아이들끼리 경로를 두고 치열한 토론이 오가기도 했다. 실체가 없던 역사가 내 일상과 연결되는 순간, 순식간에 내 삶과 연결이 된 것이다. 이러한 역사 체험 활동은 처음에는 교사가 주도해서 이끌었지만, 점차 프로젝트를 통해 아이들이 직접 장소부터 경로, 설명, 책자 제작까지 스스로 이끌어 가게 되었다. 교실 안과 밖에서 역사를 만날 뿐만 아니라, 스스로 역사를 찾아낼 수 있게 된 것이었다.

중등 아이들은 흔히 접하는 역사 영화 속에서 팩트와 픽션을 구분하는 프로젝트 작업을 통해 자연스럽게 '역사'가 가지고 있는 특성에 대해 배웠다. 외국 영화라 자료가 없다고 하소연하면서도 구글 번역을 돌려 가며 기어코 해외 논문을 연구해나갔다. 이를 통해 '역사가'와 '해석'의 중요성을 경험해갔다. 일상이 무너져갔던 코로나 상황에서는 전염병에 대처했던 역사 속 다양한 상황들을 조사했다. 그러면서 오늘날 그리스도인으로서의 우리의 모습에 대한 방향을 찾고, 다른 학생들과 공유했다. 한-일관계가 극한으로 치달았던 시기에는 '한-일 관계'의 역사적 쟁점을 주제로 공부하며 강제 노역 배상을 위한 캠페인을 진행해 보기도 했다. '기억'을 통한 '전승'을 위해 모든 학년이 매월 첫째 주 '이번 달의 역사'를 조사하여 공동체와 함께 공유하는 시간을 갖기도 했다.

이러한 프로젝트는 역사가 단지 책 속에서만 머무는 것이 아니라 내가 사는 오늘 이 시대 삶과의 '연대'로 이어질 수 있는 토대를 만드는 경험이 되었다.

역사를 통한 '오늘의 삶'과의 연대

해를 거듭하며 '역사 교육 과정에 우리가 추구하는 가치가 반영되었다고 할 수 있나?' 하는 생각이 들었다. 계속해서 고민했지만 쉽게 답을 찾을 수 없었다. '어떻게?'가 문제였다. 마침, 기독교 대안 학교 연맹에서 주최하는 북유럽 기독교 학교(네덜란드, 덴마크, 독일, 노르웨이) 탐방 연수 기회가 주어졌다. 기독교 교육의 역사가 이미 100년 이상 되는 곳에 가면 답을 찾을 수 있을 것 같았다. '교과 교육에서 가치관을 어떻게 담아내고 있으신가요? 교재가 따로 있나요?' 라는 질문에 북유럽 선생님들 대부분은 한결같이 대답했다.

"기독 교사가 가르치는 것이 바로 기독교 교육입니다."

실체 없는 그 말이 처음에는 와닿지 않았다. '무엇으로 어떻게 가르치라는 거지?'라는 질문만 머릿속에 맴돌았다. 내가 역사를 배우며 떠올렸던 질문들을 생각해 보았다. 그러면서 매시간 배움을 마무리하며 아이들과 함께 토론할 수 있는 'Christian Thinking'이라는 질문을 하나둘씩 만들어 갔다.

한국사	삼국 시대	백성들의 사상을 통합하기 위해 종교를 수용하는 것에 대해 여러분들의 생각은 어떤가요?
	외세 침략	힘의 논리에 따라 불평등한 요구를 강요하는 것은 정의롭지 못한 모습입니다. 우리나라 또한 '강자'의 역할에 서게 되는 경우가 많은 오늘날, 우리는 누군가에게 '힘'을 과시하고 있진 않은지 자신의 생각을 적어 봅시다.
	6월 항쟁	'천주교 정의 구현 전국 사제단'의 역할을 보며 어떤 생각이 들었나요? 당시 개신교는 어떠한 자세를 취했는지 조사해 보고, 여러분이 생각하는 종교의 역할은 무엇이라고 생각하는지 이야기해 봅시다.
세계사	종교개혁	종교개혁 이후 500여 년이 지난 오늘날, 개신교는 그 정신을 잘 이어가고 있을까요? 현재 자신에게 종교개혁이 어떤 의미로 다가오나요?
	제국주의	각자가 생각하는 '정의'의 가치와 기준이 충돌할 때, 나의 선택의 '기준'은 무엇인가요?

Christian Thinking 예시

처음 이 질문을 아이들에게 제시할 때, 역사적 사실과 우리 학교의 교육 철학과 가치를 어떻게 엮을 것인지가 가장 어려웠었다. 한국 근현대사나 서양사의 경우에는 비교적 질문을 제시하기 쉬웠으나, 한국 고대사나 고려-조선 시대와 관련해서는 질문을 제시하기가 여간 까다로운 일이 아니었다. 서툰 시도였지만, 역사적 사실과 오늘날의 모습을 연결 지어 조금씩 비틀어 보고 적용해 보는 시도를 하기 시작했다.

처음 질문을 접한 아이들의 대답은 단편적인 생각 서술이 대부분이었다. 역사적 내용과 오늘날을 연결시키는 것뿐만 아니라 자신의 생각을 더 깊이 있게 펼쳐 나가는 것을 어려워했다. 하지만 꾸준히 질문이 이어지면서 아이들도 생각을 점차 풍성하게 표현해 나가기 시작했다. 같은 내용의 역사를 배우면서도 아이들이 생각하고 적용하는 관점은 각양각색이었다. 서로의 글을 공유해 읽으면서 상대방의 관점을 존중해 줄 수 있었고, 또 내 생각의 변화도 경험할 수 있었다. 이와 더불어 '역사 에세이'도 쓰기 시작했다. 배우는 시대와 관련된 책을 읽고, 신문 기사에서 다루고 있는 사회문제 해결을 위한 사회 구성원으로서의 '나-가정-학교-사회'의 역할을 생각해 볼 수 있도록 했다.

이러한 시도들은 단지 역사적 지식을 이해하는 수준을 넘어서서 역사의 주체가 되어 적극적으로 실천 의식을 가지고 살아갈 수 있는 사회 구성원의 역할을 기대했던 역사과 교육 과정의 최종 교육 목적을 위한 것이기도 했다.

교사의 삶을 통한 교육

'교사의 삶을 통한 교육'이라는 말의 무게는 어마어마한 것이었다. 매 순간, 일상 속에서 행동할 때마다 아이들이 보고 있다는 것이 크게 와닿기 시작했다. 내가 했던 이야기를 100% 지키며 살진 못하더라도 그 방향을 향해 최선을 다하는 모습을 보여 줄 수 있어야 했다. 그때부터 모든 삶의 영역에서 건강한 압박이 느껴지기 시작했다.

'그래서 어떻게 살아갈 거니?', '내 삶에서 어떻게 실천해 볼 거야?'라는 질문에 답할 수 있는 역사를 배우길 소망하면서, 조금 일찍 넓은 세상을 만난 내가 던져 준 파장과 돌멩이가 아이들에게 조금이나마 자극이 될 수 있지 않을까 생각했다. 소박하게 나의 삶이나 SNS를 통해 실천을 공유하기 시작했다. 투표 참여 인증 사진, 미얀마 민주주의에 대한 연대 캠페인 참여, 세월호 참여 등. 아이들의 댓글이 달리고, 자신들도 어떻게 참여할 수 있는지 구체적으로 물어보기 시작했다.

세월호 리본 만들기 캠페인을 신청하고, 점심 시간에 관심 있는 학생들은 모이라고 공지했다. 생각보다 많은 아이들이 모였고, 진심을 담아 리본을 만들어 기부하고 가슴에 달았다.

"이 사건을 왜 기억해야 하는지를 생각해 보게 되었어요. 또, 우리가 어른이 되고, 사회인이 되었을 때 어떻게 행동해야 할지도 고민해 보게 되었고요."

"사건을 기억하고, 슬퍼하는 것에서 끝나는 것이 아니라, 슬픔 이후에 무엇이 바뀌었는지, 어떻게 행동해야 하는지가 중요한 것 같아요."

수업 시간을 통해 수많은 역사적 사건과 인물에 관해 이야기하지만, 아이들은 결국 자신이 마음으로 만나는 경험에 반응한다. 교사는 아이들 각자가 만날 수 있는 그 경험을 연결해 줄 수 있는 사람이어야 한다고 생각한다. 그렇기에 교사가 더 많은 경험을 삶으로 보여 줄 때, 아이들은 보다 더 자연스럽게 역사의 주체가 되어 동참할 기회를 얻게 된다.

한계를 넘어서

교육 과정을 구상하고, 보완해 나가는 과정에서 가장 큰 고민이자 한계점은 꽤 오랜 기간 이야기학교 역사 교사가 한 명이라는 것이었다. 일부러 다양한 해석의 글을 제공하기도 했고, 사료 원문을 제공하여 아이들이 스스로 해석하고 판단 할 수 있는 기회도 만들었다. 더불어 이러한 한계점은 역사과 동료 교사가 생기며 자연스럽게 생각의 확장과 수업의 다양화를 이루며 보완 될 수 있었다. 하나보다 둘 일때 교육 과정의 풍성함과 체계성이 더욱 갖추어져 가는 것을 경험하게 되었다.

그리고 마침 학부모님 중에 역사 박사 학위를 받으신 분이 계셔서 '역사 특강'의 형태로 월 1-2회 지속적인 수업이 가능하게 되었다. 우리가 미처 깊이 생각해 보지 못한 기념일의 역사적 의미들, 독일 나치즘과 독일의 역사 인식, 한국 사회와 난민 문제 등 상황에 따라 다양한 주제들에 대한 전문가의 견해를 듣고 배울 수 있는 기회들이 주어졌다. 이를 통해 아이들은 한층 넓고도 다양한 시각에서 역사를 바라볼 수 있게 되었다.

또한 '여행 캠프'나 '집중 수업' 등 이야기학교의 다양한 교육 활동들을 역사 교육과 접목해 보기도 하였다. 종강/개강 여행 캠프 및 자전거 여행 등 각종 여행 캠프 때 방문하는 지역의 문화재나 유적지 속에서 현장을 느끼고, 조별/과정별 나눔 때 질문을 던져 아이들이 생각해 볼 수 있게 하였다. 또한, 매년 1주일 동안 교과서에서 배우지 않는 한 나라를 선정하여 집중적으로 배우는 '집중 수업 주간'에는 그 나라의 역사와 인물에 대해 집중적으로 알아보며 배움을 확장해 나갈 수 있었다. 이러한 활동들은 역사 교사가 준비하여 직접 이끄는 것은 아니지만, 학습적 요소보다는 가치관 형성의 요소로 활용할 수 있는 좋은 기회가 될 수 있었다.

역사적 사실은 쉽게 변하지 않지만, 역사를 바라보는 시선과 해석은 늘 살아 움직인다. 그리고 그 역사를 배우는 아이들 역시 끊임없이 역사 속에서 성장해 나간다. 역사 독서와 역사 체험 활동, 역사 특강, 독서 토론, 프로젝트 등 다양한 경험을 통해 역사를 마주하는 법을 배워가는 과정 속에서 아이들이 역사 구성원으로서의 올바른 책임감과 실천 의식을 갖추어 역사 속에서 구체적으로 참여하며 주체적으로 살아갈 수 있길 소망한다.

4 의사소통 중심의 영어

| 정혜선 · 류지원 |

"선생님, 어떻게 하면 영어를 잘할 수 있어요?"

진지하게 질문하는 한 아이가 있다. 이 아이의 눈망울을 들여다보면 진짜로 잘하고 싶다는 결연한 의지가 엿보인다. 말과 표정만이 아니라 수업을 듣는 태도 역시 진지하다. 초등학교 4학년인 이 학생의 마음에 영어를 잘하고 싶은 마음이 생긴 동기는 과연 무엇일까?

어릴 때의 경험이 떠오른다. 중학교 1학년 때 처음 영어를 배웠다. 학교 교실 스피커에서 아침마다 원어민 회화를 들을 수 있었다. 하루는 그 소리를 듣는 순간, '이렇게 아름다운 언어가 있다니!' 나도 저렇게 말을 하고 싶다는 생각이 문득 들었다. 그 이후부터 나는 영어가 좋았다. 내 마음에 동기로 자리 잡는 순간이었고, 그 이후 즐겁게 꾸준히 공부할 수 있었다.

　이야기학교 영어 수업에서 많은 학생을 만난다. 학년마다 인원이 조금씩 다르지만, 소수이든 다수이든 그 그룹에서 1/3은 영어를 대체로 좋아하고 1/3은 보통이며 나머지 1/3은 영어가 재미없고 어렵다고 생각한다. 참 신기하다. 학생이 3명이어도 그중에 한 명은 영어에 흥미가 많고 다른 한 명은 흥미가 없으니 말이다.

　이야기학교는 학기 초에 배움의 워크숍을 진행한다. 중등 이상은 과목마다 선생님들께 그 과목을 어떻게 공부할 수 있는지, 왜 그 과목을 공부해야 하는지 선생님들의 공부 비법을 듣는다. 어떤 학생은 진지하게 영어 공부에 대해 물으며 의지를 불태운다. 어떤 학생은 "나는 절대로 외국에 나가서 살지 않을 거예요."라고 단호히 말하며, 영어 공부를 하지 않아도 되는 나름의 정당성을 이야기하기도 한다.

　학생들의 이야기를 듣다 보면 오래전 배웠던 샬롯 메이슨의 교육철학-라브리 가정 교육에서 언급된 구절이 어렴풋이 떠오른다. '어른들은 아이를 다른 장소에 사는 사람들과 가능한 많은 관계를 맺도록 이끌어 줘야 한다.'라는 것이다. 그러기 위해서는 적어도 외국어를 한 가지 이상 배우는 것이 도움이 된다고 주장했다. '다른 언어를 배운다는 것은 편협한 울타리를 제거하는 것'이라고 설명하였다. 요즘은 우리가 외국에 나가지 않아도 외국인을 우리나라에서 많이 만날 수 있는 세계화 시대에 살고 있다. SNS를 통해서 얼마든지 다른 나라 사람들과 만날 수 있는 장이 열렸다.

이야기학교는 학생들이 영어를 좋아하든 좋아하지 않든 편협한 울타리를 넘어 더 넓은 세상 속에서 더 다양한 사람들과 관계를 맺고 소통하기 위한 도구로써 영어를 배울 수 있도록 교육 과정을 설계한다. 이야기 영어 과정의 특징은 첫째, 의사소통 중심의 접근을 통해 세계인과 만나도록 준비시키려고 한다. 둘째, 영어 학습에 대한 흥미와 동기를 부여하고 실생활에 적극적으로 활용할 뿐만 아니라 평생 학습자로서 자기 주도적 학습을 할 수 있도록 돕는다. 셋째, 세계의 다양한 생활 양식과 사고 방식을 이해하고 다양한 문화에 대한 개방적인 태도 및 글로벌 시민 의식을 고취함으로써, 이를 바탕으로 우리 문화를 세계에 알리도록 격려한다.

이를 위해 실용적이고 흥미를 느낄 수 있는 소재와 활동으로 내용을 구성했다. 의사소통 중심의 접근 방식과 삶에서의 활용이 교육 과정 속에 어떻게 녹아 있는지 좀 더 자세히 소개하려고 한다.

의사소통 중심의 접근

예전에 TV에서 북유럽 교육 다큐멘터리를 본 적이 있다. 시장에서 버섯을 팔고 계신 아주머니께서 손님에게 버섯 요리법을 영어로 소개한다. 그 자리에 있던 한국 교수 한 분이 말하기를 "그분이 사용한 영어는 문법적으로 틀린 부분이 많지만, 자신감 있게 설명하는 모습이 인상적이며 의사소통에 전혀 문제가 없다."라고 하였다. 오늘날 유창성이란 미국, 영국 원어민처럼 유창한 발음, 완벽한 문장으로 말하지 않더라도 다양한 문화적 배경을 가진 사람들과 영어로 의사소통할 수 있는 능력을 의미한다. 21세기 World English 시대에는 나라마다 자국의 문화가 반영된 영어 표현을 쓰는 일이 늘어날 것이기 때문에 이를 대비하고자 한다. 또한 우리나라는 일상에서 영어를 사용하지 않는 EFL (English as a Foreign Language) 환경이기에 학교 밖에서 영어를 사용하는 기회가 제한적이다. 그러므로 되도록 수업 시간만이라도 영어에 많이 노출시키기 위해 노력한다.

이야기로 접근하는 초등 과정

전신 반응 학습

초등은 전신 반응 교수법을 통해 몸으로 언어를 배운다. 수업에서 교사의 영어 사용 비중을 높여 듣기 기회를 늘리고 듣기를 통해 신체적인 반응을 많이 수반할 수 있도록 한다. 자전거를 배울 때 이론보다 직접 자전거를 타보며 감각을 익히고 많이 연습한 사람이 잘 타는 것처럼, 배운 대화나 표현들을 교사가 먼저 말하고 학생들이 목표 언어대로 움직이고 실행하면서 몸에 새겨지도록 한다.

상황에 맞는 발화 훈련

듣는 것이 우선이 되어야 그에 대답하는 말하기가 뒤따를 수 있다.

평소 마주할 수 있는 여러 발화 상황들의 예시문을 접한다. 대화문 자체를 듣기도 하고, 영화 동화 속 주인공의 대화를 통해 접하기도 한다. 음성을 들은 뒤, 아이들은 막연하게나마 외국인과 약간의 소통이라도 해 보고자 하는 마음이 생긴다. 그때 "이렇게 말했을 때, 저렇게 대답할 수 있어."라고 알려주어 상황에 맞는 발화를 연습한다. 배운 표현들은 상황별로 반복 연습하며, 학기 말에 보드게임으로 직접 만들어 함께 점검하며 복습한다.

Phonics

이야기학교 초등 과정은 기본적인 의사소통 및 글 읽기의 기초를 다지기 위해 파닉스를 공부한다. 이미 알고 있는 알파벳 지식을 바탕으로 각각의 소리에 더 중점을 두고 사물의 이름과 연관 지어 철자와 소리의 법칙을 알 수 있도록 돕는다. 무리하게 스펠링을 외우게 하기보다 알파벳이 내는 소리를 이해하도록 많은 시간을 할애하고 있다. 문장을 읽기까지는 시간이 오래 걸리지만, 초등 전 과정에 걸쳐 꾸준히 해야 하는 일이다.

Story Book

책이나 읽기 교재를 활용하며 소통하는 방법을 익힌다. 특히 저학년일수록 재미있는 책을 많이 읽어 주려고 한다. 책 표지의 제목과 그림을 보며 대화를 나누고 본문의 내용 전개에 따라 흥미진진하게 읽어 내려가면 책 속으로 빠져드는 아이들의 모습을 볼 수 있다. "What is this?", "Do you like it?"을 시작으로 다양하게 응용하고 확장하면서 책의 내용으로 의사소통할 수 있는 많은 소재들을 얻는다. 글로 써보는 시도는 고학년 때 시작한다.

실생활로 접근하는 중등 과정

유창성 기르기

영어 문법 구조에 얽매여 한 마디도 말하기 어려워하는 한국인들의 모습을 흔히 볼 수 있다. 우리는 문법적으로 오류가 있더라도 '말이 통하면 되지.'라는 마음가짐으로 자신감 있게 발화하는 것을 지향하고자 한다. 아는 만큼 주저 없이 이야기하면서, 영화 클립을 통해 원어민들이 일상에서 매일 쓰는 진짜 영어 회화 표현을 머릿속 서랍에 하나씩 더해 간다. 수업 시간에 다룬 표현을 자신들이 본 영화 또는 노래 가사에서 마주칠 때면 '실제로 외국인들이 사용하는 말이었구나.'라며 더 익숙해지고자 하는 의지를 보인다.

타 문화 상황 속에서 존중하기

학기 말이 되면 한 학기 동안 배운 문장들을 종합하여 조별로 연극 대본을 작성하고 연습해 발표한다. 아이들은 극 안에 그 나라의 문화도 적절히 반영되어 있어야 한다는 점을 유의해야 한다. 언어는 문화의 일부이기 때문에, 어떻게 쓰이는지 맥락과 상황을 적절히 고려한 각본이 쓰일 수 있도록 노력한다. 이때 총 복습과 더불어 배우는 속도가 다른 친구들과 조화롭게 협동하는 것, 좋은 리더가 되는 것, 그리고 극 안에 가치를 담는 것까지 평가의 척도가 되며 아이들은 모든 것을 고려해 극 안에 담는다. 그렇게 한 학기가 마무리된다.

실용 영어를 교재로

중등 과정은 영국 영어 웹사이트 청소년 언어 과정을 공부한다. 언어의 네 가지 영역을 단계적으로 공부할 수 있고 이곳에서 전 세계의 다른 청소년들과 교류할 수 있는 장점도 있다. 주로 배우는 내용은 가족, 학교, 친구, 과제, 학업, 메일 쓰기, 블로그 글 작성 및 여행과 직업 등 학생들의 생활과 밀접하게 연관된 주제들이다. 중등 학년과 레벨을 고려하여 단계적으로 읽기와 쓰기 자료를 제공하고 내용을 이해한 후 문제나 과제를 해결해 나가고 있다. 고학년으로 올라갈수록 좀 더 세련되고 멋진 표현을 배우기 위해 연설문이나 강연 자료들도 함께 제공한다.

Writing도 실용적으로

중등 과정에서 학기 중에 배운 내용을 토대로 중간, 기말 에세이를 써서 과제로 제출하고 이 글을 평가에 반영한다. 자신이 관심 있고 흥미로울 만한 주제를 정하고 배운 양식을 참고한다. 주제는 실제적이며 참신하고 매우 다양하다. '청소년 스트레스에 대해서', '부모에게서 독립하기', '나의 생일에 일어난 서프라이즈'등 자신의 이야기를 솔직하게 담아낸 짧은 에세이를 쓴다. 또한 어떤 논제에 대해 찬성과 반대 관점을 생각하고 주장하는 글을 배워 작성하기도 한다. '연예인들이 우리에게 나쁜 영향을 미치는가?', '게임은 건강을 유지하는 좋은 방식인가?', '학생 휴식공간이 필요한 이유?' 등 자신의 삶과 밀접한 주제들을 이야기로 풀어내고 있다.

흥미와 동기 찾기

평생 학습자로서 영어를 공부할 때 자기 주도적이면서 의식적으로 지속하기 위해서는 배움의 동기가 필요하다. 어떻게 일으킬 수 있을까? 동기는 자신감에서 시작된다고 생각한다. 교육을 통해 영어를 다른 사람과의 소통 수단으로 사용하면서 배우다 보면 영어 때문에 우쭐했던 기억 혹은 답답했던 기억이 모두 쌓여 나중에 제대로 영어 공부를 하고자 할 때 끈기의 기본 에너지가 될 수 있다. 되도록 흥미를 갖도록 학생이 좋아하는 것을 수단으로 영어를 공부하도록 격려한다. 과학을 좋아하고 잘한다면 과학 관련 영어 자료들을 권하고 축구를 좋아하는 학생이라면 축구 선수나 관련 기사들을 찾아보도록 격려한다. 즐겁게 배울 수 있는 다양한 방식을 고민하고 시도하는 것은 동기부여 기회를 주기 위한 것이다. 또한 언젠가 영어 공부를 힘들게 해야만 할 때도 영어를 포기하지 않도록 하기 위한 것이다.

영어로 연극하고 비디오 촬영하기

아이들이 이미 알고 있을 만한 영어 동화 Youtube 영상을 전제로 학습 컨텐츠를 제작한다. 수록된 어휘와 문장 패턴을 지문과 대사를 통해 익힌다. 반의 수준에 따라 한 시간에 세 문장에서 여섯 문장씩 발음, 문장 구조, 어휘의 어원을 살펴 가며 배운다. 이제 연기를 할 차례이다. 동일 구간 반복을 통해 자신이 배운 표현을 오디오와 최대한 비슷하게 연기 투로 말해 본다. 해당 영상에 나온 단어와 문장을 카드로 만들어 메모리 게임을 하면서 스스로 점검한다. 누적되면 아는 표현이 늘어나 오디오와 동시에 말할 수 있는 실력과 함께 흥미도 자라난다. 자신감이 붙은 친구들에게는 〈어린이 동화 구연 영상 업로드〉라는 목표도 생겼다.

재미있는 영어사이트 찾기

학습자가 노래를 통해 파닉스를 재미있게 공부할 수 있도록 무료로 제공해 주는 사이트를 이용한다. 또는 헐리우드 스타들이 읽어 주는 책 사이트를 통해 재미있는 동화를 무료로 들을 수도 있다. 소유격, 목적격 송을 듣다 보면 입에 척척 달라붙어 저절로 노래가 나온다. 양질의 자료들을 무료로 학습할 수 있어서 많은 혜택을 누리고 있다.

나만의 워크시트 만들기

책을 읽고 독후활동을 할 때 학생들과 활동할 수 있는 나만의 워크시트를 만들어 제공한다. 주인공이 에취(Achoo~!) 하고 재채기를 할 때마다 주변의 모든 것들이 다 무너져 내리는 동화책이 있다. 내가 재채기를 하면 무엇이 무너질지 그려 보는 활동을 하고 발표하면 시간이 모자란다. 아이들의 상상력을 자극하는 활동만큼 흥미로운 것은 없을 것이다.

영어로 word 게임하기

플래시 카드를 이용해 단어를 공부하지만 때로는 제공되는 앱을 통해 게임 하듯이 단어 게임을 하면 흥미는 두 배가 된다. 틀리거나 실수해도 괜찮다. 오히려 틀리면 어떻게 되는지 일부러 정답을 피하는 선택을 하기도 한다. 비록 어려운 영어 단어이지만 게임을 한다고 생각하면 하나도 지루하게 여겨지지 않는다.

영자 신문 보기

신문이 주는 여러 유익이 있다. 진귀한 동물 사진과 함께 기사들이 소개되고, 최신 사회적 이슈들을 다룬 재미있는 기사들을 접할 수 있으며 명절이나 절기를 다룬 기사를 통해 우리 전통문화의 의미와 영어 표현들도 배울 수 있다. 뿐만 아니라 연예, 스포츠, 영화 등 학생들의 눈길을 사로잡는 흥미로운 기사들을 보며 재미있게 영어를 공부할 수 있다.

칭찬하고 격려하는 분위기 만들기

우리는 영어를 포함한 모든 배움이 아이들이 자신에 관한 생각을 긍정적으로 바꾸는 데, 자존감을 높이는 데 도움이 되어야 한다고 생각한다. 배우는 내용이 어렵다고 느끼고 뒤처지는 아이들도 잠시 기다려 주고 서로 인내하도록 한다. 실수하더라도 무시하지 않고 존중하는 태도를 보이도록 한다. 무엇보다 용기를 내는 그 자체를 칭찬하고 격려하는 분위기를 만든다. 교사는 참여하는 모든 아이에게 아낌없는 칭찬을 함으로써 그들의 작은 시도를 통해 용기를 얻고 자신감을 얻을 수 있도록 최선을 다한다.

좋아하는 것을 위한 수단으로 영어 공부하기

노래를 좋아하고 잘 따라 부르는 친구들은 영어 노래를 통해 영어를 공부한다. 영화를 좋아하는 친구들도 영화를 반복해서 보며 대사를 따라 하고 표현을 익힌다. 한편 초등 아이들만 의자에서 일어나 움직이는 학습을 좋아하리란 법은 없다. 중등 친구들도 크레파스를 손에 쥐고, 퀴즈를 맞히고, 일어나 게임을 하며 자신의 수준에 맞는 단어와 문장을 학습하기를 즐거워한다. 자리에서 일어나 짝을 바꾸고, 조를 바꾸며, 몸을 이용해 뛰고 걸으며 배우고 연습한다. 아이들이 충족하고자 하는 앎에 대한 욕구를 채우고, 일어나 움직이고 싶어 근질거리는 몸을 일으켜 복습의 시간을 가지고 나면 어느새 45분은 훌쩍 지나 있다.

실제 삶 속에서 긍정의 경험 갖기

학생들의 실제 삶 속에서 영어를 사용해 봄으로써 작은 긍정의 경험을 통해 자신감을 느낀다. 필수 어휘 2,000~3,000 단어로도 충분히 사용할 수 있는 수준의 말과 글을 배우고 배운 것들을 활용하기 위해 영어를 사용할 수 있는 여러 장치를 마련하고 적극적으로 활용할 수 있게 한다. 예를 들어, 학기 말 한 학기를 돌아보고 배움을 정리하는 포트폴리오를 만들 때 영어 과목 소개를 영어로 작성하게 한다. 그리고 지역 사회와 연계한 통합 수업을 진행하면서 전통 시장을 외국인에게 알리는 프로젝트를 실행한 경험도 있다. 또한 교내 축제 영어 포스터 만들기, 한 나라를 집중해서 탐구하고 배우는 집중 수업 기간 '영어 말하기 대회' 등의 기회를 부여하기도 한다.

우리 문화를 세계 속으로

이야기학교는 학생들에게 해외 연수 프로그램 기회를 부여하여 현지 문화를 경험하도록 한다. 코로나 이전에는 3개월간 타 문화 연수를 진행했었다. 자매결연을 한 뉴질랜드 학교에서 북유럽과 비슷한 문화를 경험할 수 있었다. 여러 가지 현지 사정과 코로나19로 중단이 된 지몇 년이 흘렀지만 언젠가 다시 기회가 주어지기를 기대하고 있다. 그때를 대비하여 영어 교육 과정 속에 우리 문화를 탐구하고 소개할 수 있는 프로젝트 수업을 진행한다. 이 과정을 통해 학생들은 '문화란 무엇인가?', '문화의 요소는 어떤 것이 있는가?', '외국인이 알고 싶어 하는 우리 문화는 무엇인가?' 등을 탐구하고 소개할 자료들을 정리하면서 앞으로 진행될 해외 연수 및 타 문화 살이 과정을 대비한다. 학생들은 이 배움을 통해 우리 문화의 소중함을 알고 우리 문화를 세계로 확장시켜 나가기 위한 바탕을 마련하는 기회를 갖는다.

교사는 다양한 수준에 와 있는 학생들에게 끊임없이 질문한다. "진보를 위해 어떤 것을 더 하면 좋겠니?", "어떻게 도와줄까?" 지금보다 한 걸음 더 나아갈 수 있도록 결과보다 과정을 중시하고 용기와 자신감을 가질 수 있도록 하여 편협한 울타리를 넘어 넓고 다양한 세계의 사람들 속으로 다가갈 수 있기를 고대한다. 우리 학생들에게 한계는 없다. (Sky is the limit.)

5. 교구 활동, 논리 사고력 중심의 수학

| 장지해 · 국성민 |

학생들에게 수학이라는 과목을 어떻게 생각하냐고 물으면 10에 9는 "재미없다", "어렵다", "왜 배우는지 모르겠다", "인생을 살아가면서 사용할 일이 없다" 등 대체로 부정적인 인식들로 가득한 것이 사실이다. 많은 수학 교사들의 고민일 것이다. 학생들에게 '어떻게 동기 부여를 시킬 것인가?', '어떤 재미있는 수업을 하여 흥미를 부여할 수 있을 것인가?', '어렵지 않고 재미있게 가르치려면 어떤 교수 학습법을 사용해야 할까?' 등의 여러 고민을 하고 연구하며 새로운 시도를 학교 현장 곳곳에서 하고 있다. 그렇지만 공교육을 받아 온 교사들이 다양하고 혁신적인 방법으로 학생들에게 수학을 가르치는 것은 쉽지 않다.

우리나라는 국제 학업 성취도 평가(PISA) 수학 분야에서 늘 상위권을 유지하고 있다. 하지만 수학의 노벨상이라고 할 수 있는 필즈상의 우리나라 수상자는 단 한 명도 없다. 그 이유는 무엇일까? 우리나라 수학 교육은 학교에서 문제 해결을 위한 기술적인 부분만 가르쳐 빠르게 답을 도출해 내는 것에 초점이 맞추어져 있고, 문제에 대한 깊이 있는 연구나 새로운 것을 발견해 내는 교육을 하지 않기 때문이다.

북유럽에서는 학생들에게 수학을 교육할 때 창의성과 문제들에 대한 다양한 사고를 요구하는 걸 중요하게 여긴다. 그래서 제시되는 문제들이 모두 창의적이며 아이 스스로 해석하고 문제를 해결하는 방법을 찾아내도록 하는 것이 특징이다. 이야기학교에서는 북유럽식 삶의 교육을 지향하는 만큼 수학 교육에서도 북유럽식 수학 교육의 방법을 따라가기 위해 노력하고 있다. 이를 위해 이야기학교 수학 교사들은 북유럽 연수를 다녀오고 이를 다른 선생님들과 나누며 우리 교육 과정에 담아내려 하고 있다.

이야기학교 교육 철학을 수학 교육 과정 속에 녹여 낸다는 것은 쉬운 일이 아니다. 초등부터 고등까지의 수학 교육 과정을 만들어 가는 과정이 쉽지만은 않았다. 교사들의 끊임없는 고민과 연구, 수업 설계, 새로운 교재, 교수법 등 고려해야 할 사항이 많기에 전적으로 교사의 자율성과 책임이 뒤따른다. 이야기학교만의 수학 교육의 방향을 찾기 위해 수학 관련 연수를 쫓아다녔다. 북미 연수를 통해 여러 학교를 탐방하며 그곳에서의 실제 수학 교육 현장을 경험하였다. 또한 몬테소리 교구로 전 교과를 수업하는 순천의 한 학교의 수학과 연수를 방학마다 참여하고, 수학과 교사 모임을 찾아다니며 방법을 모색하며 우리만의 교육 과정을 재구성하여 나갔다. 그리고 이렇게 재구성한 수학 교육 과정은 학기 시작 전 교육 연구 주간을 통해 다른 과목 교사들에게 피드백을 받는다. 또한 수학 교사들 간의 상호 피드백 및 수업 연구를 통해 이야기학교의 교육 철학을 담은 수학 교육 과정을 만들어 가고 있다. 이렇게 만들어진 수학 교육 과정은 다음 세가지 교육 방향을 목표로 한다.

첫째, 학생들 개개인성을 존중하며 함께 협력하는 법이 무엇인지 알게 한다. 일반 학교 즉, 하나의 교실에 20~30명이 모여 있는 상황에서는 모든 학생의 학습력과 성취 수준, 개개인의 의견을 모두 수용하는 것에 어려움이 있다. 이것은 교사들의 획일화되고 보편적인 교수 학습법으로 이어진다. 결국 단순 지필 평가로 학생들의 학습 성취도를 파악하며, 경쟁을 통해 더 높은 수준의 평가를 받기 위한 교육이 될 수밖에 없다. 이를 지양하기 위해 매 학기 수학 교사들과 학년별 또는 한 아이의 특성을 파악하고 성장하기 위해 어떤 도움을 줄 수 있는지 논의한다. 성취도별 수업, 개개인의 특성에 맞춘 수업과 교재 선정 등 개개인의 성장을 위해 끊임없이 고민하고 준비한다.

둘째, 우리가 살아가고 있는 이 세상에서 수학이 어떻게 우리 삶과 밀접하게 연관되어 있는지 알 수 있게 하는 것이다. 하나님께서 만드신 이 세계는 무수히 많은 수와 공간으로 이루어져 있고, 이를 알기 위해 인간들의 끊임없는 탐구가 수학적 개념을 발달시켰다. 가장 근본적으로는 하나님께서 창조하신 이 세상을 이해하고, 우리 주변에서 일어나는 사회, 자연 현상을 수학적으로 관찰, 탐구하는 경험을 통해 수학의 가치와 동기 부여를 인식하고 경험하게 하는 것이다.

셋째, 단순 평가나 입시를 위한 수학 교육이 아닌 수학을 통해서 우리가 할 수 있는 역할들을 찾아보고 이를 구체화하는 것이다. 실생활 및 사회, 자연 현상을 통해 수학적으로 관찰하고 탐구하여 그 속에 담긴 원리와 법칙들을 파악하게 하는 것이다. 더 나아가 다양한 사회, 자연적인 현상들의 문제들을 분석하고 이를 위해 토의와 토론, 프로젝트 활동 등을 통해 서로 협력하여 해결하는 힘을 기르고자 한다.

교구 활동 중심의 초등 수학 교육

경험과 감각을 통한 수학 교육

초등 과정에서 가장 우선시 되어야 하는 부분은, 눈으로 보고 손으로 직접 만져 보면서 경험하는 것이다. 다양한 수학 교구를 구비하고, 수학이라는 교과와 친해지도록 수학 교실을 꾸미고, 수학 교실을 놀이터처럼 자유롭게 다닐 수 있도록 하였다. 교구로 수학 원리를 알려 주고 스스로 연습해 보도록 하는 과정을 수업에 적용하였다. 수업 시간뿐 아니라 쉬는 시간에도 교구를 만지고 놀이하며, 수학은 재미있는 교과라는 인식을 만들어 가고자 하였다. 또한 초등 고학년은 연산에서 자신감을 가져야 비로소 수학이 쉽게 느껴진다. 한 학기를 마치고 초등학생들과 면담 평가를 하게 되면 공통으로 비슷하게 많이 나오는 말들이 있다.

"선생님, 수학 수업이 어려워서 힘들어요. 문제 조금만 풀어요. 열심히 해 보려 했지만 이해가 안 되는 부분들이 많아요."

이러한 얘기들을 들을 때마다 수학 교사들의 고민은 깊어져 간다. 그러한 고민 가운데서 끊임없이 답을 찾기 위해 노력한다. 이야기학교에 처음 왔을 때 초등 과정에서 '몬테소리 수학 교육'이라는 교육 방법을 처음 알고 접하게 됐다. 수학 교육을 위한 여러 교구가 교육 시장에 많이 개발되고 있기에 그저 수학 교육 방법 중 하나일 것이라 생각했다.

교장 선생님의 권유로 국어, 수학, 영어와 같은 과목을 몬테소리 교육으로 하는 순천에 한 학교를 찾아가 연수를 들을 수 있었다. 그리고 실제로 그곳 교사들의 수업 시연을 볼 수 있었고, 교장 선생님의 몬테소리 교육에 대한 철학과 가치에 대한 설명을 들을 수 있었다. 그 과정은 놀라움의 연속이었다. 교사 개인적으로도 동기 부여가 강하게 일어났다. 어떻게 이야기학교만의 방법으로 몬테소리를 활용할 수 있을지 고민하게 되는 시간이었다. 교장 선생님의 말씀 중에 기억나는 것이 있다.

"완벽하지 않아도 괜찮다. 일단 시도해 봐라."

이 짧은 한마디의 말씀에 큰 용기를 얻고 학교로 돌아왔다. 수업을 설계할 때 모든 수업에서 활용할 순 없지만, 몬테소리를 활용할 수 있을 것 같은 수업에서는 최대한 적극적으로 활용하는 방법으로 방향을 두었다.

교사가 설명하고 아이들은 문제 푸는 단순하고 보편적인 수업보다, 몬테소리를 활용해서 학생들 스스로 교구를 눈으로 보고, 만져 보며, 수를 파악하고, 사고하도록 하고 있다. 물론 학생마다 속도의 차이는 있지만, 그것을 인정해 주고 기다려 주었을 때 끝까지 해내는 모습도 보게 된다. 수업을 계속해서 하며 결과적으로는 모든 학생이 몬테소리를 가지고 수학 공부를 하지는 않는다. 하지만 저마다 각자의 방법으로 수학을 공부하는 모습들을 볼 수 있었다. 가장 놀라웠던 것은 학생들 스스로 교사에게 교구를 사용해도 되냐고 요청하며 수학 공부를 한다는 점이다.

"선생님, 교구 활용하는 수업이 훨씬 재밌어요. 여전히 수학이 어렵긴 하지만 교구를 가지고 공부하니깐 조금은 더 쉽게 할 수 있는 것 같아요. 교구로 수업 더 많이 해 주세요."

이야기학교 초등 수학 과정에서 몬테소리를 활용한 수학 교육을 조금씩 녹여 내고 활용하고 있다. 이를 통해 학생들 스스로 사고하는 힘, 주도성, 수학에 대한 흥미가 점차 자라가길 기대해 본다.

게임을 통한 수학 교육

초등 과정에서 수학은 중·고등 과정에서 심화된 내용을 배우기 위한 기초 연산 단계를 배우는 과정이 대부분이다. 그렇기에 일반적으로 초등 수학을 가르치려고 할 때 계산 연습을 많이 하고, 반복되는 문제를 풀이하는 것에 초점이 맞추어져 있다. 이렇게 반복되고 단순한 과정들이 필요하지 않다는 것은 아니다. 다만 아무 의미 없는 주입식 교육은 수학에 대한 흥미를 잃게 만들고 포기하게 만든다. 수업 내용과 관련된 게임을 할 때 아이들의 수업 참여도는 180도 달라진다. 그리고 수업을 마치면 항상 아이들이 하는 얘기가 있다.

"선생님! 다음 시간에 이거 또 해요!"

이러한 모습은 초등학생뿐만 아니라 중등 학생들에게도 공통적으로 나타난다. 학생들은 호기심이 많고 활동적이며 흥미가 있는 것에는 누가 시키지 않아도 누구보다 앞장서서 열심히 하는 에너지가 있다. 이러한 학생들의 특성을 잘 파악하고 학습과 연계하는 것은 교사의 몫이다.

다양한 게임을 가지고 수학 수업을 하다 보면 학생들이 가지고 있는 특성이나 학습 성취도 또한 자연스럽게 드러난다. 이는 학생들의 어렵고 부족한 점을 개인적으로 파악하여 도움을 줄 수 있고, 뚜렷한 장점이 보인다면, 그 장점이 더욱 빛을 볼 수 있도록 도와준다.

초등 3학년 학생들이 배우는 과정 중에 곱셈을 계산하는 단원이 들어 있다. 처음 곱셈을 가르칠 때 학생들은 큰 흥미를 느끼지 못하는 모습이었다. 반복되는 문제 풀이와 숙제, 자리에 앉아서 가만히 문제만 해결해야 하는 정적인 활동들이 학생들에게는 꽤 지루했던 모양이다. 그래서 팀별로 나누어 곱셈을 활용한 게임을 진행한 적이 있다. 3명이

한 팀을 이루고 0~9까지의 수를 한 사람이 하나씩 뽑아서 곱셈을 했을 때 가장 높은 수가 나온 팀이 이기는 게임이었다.

"얘들아, 모여 봐! 우리 숫자 뭐 뽑으면 좋을까? 숫자 뽑으면 계산은 자신 있으니까 내가 할게. 나는 우리 팀 계산 결과를 앞에 나가서 발표하고 싶어."

하나의 수업을 구성하더라도 다양한 학생들의 모습을 잘 볼 수 있다. 그리고 이는 연산 능력을 키우는 것뿐만 아니라 팀에서 서로 협동하는 마음, 자신의 장점을 최대한 살려 팀에 도움이 될 수 있는 것이 무엇인지 아는 모습 등 학생들의 다양한 부분을 성장시키는 데 좋은 영향을 줄 수 있다. 또한 매일매일 꾸준히 연산 연습하는 것도 빠지지 않고 할 수 있도록 돕는다. 연산이 익숙해져야 다음 단계인 깊이 생각하고 문제를 해결할 수 있는 사고력 수학이 가능해지기 때문이다.

논리 사고력 중심의 중등 수학 교육

이야기학교에서 추구하는 수학은 재밌고 자연스럽게 내 몸에 익히는 수학이다. 문제를 보고 푸는 것보다 스스로 설명할 수 있어야 하고 말이나 글로 표현할 수 있어야 진짜 아는 것이라고 말한다. 일차 함수를 왜 배우는지, x와 y의 관계를 대체 왜 따지는지, 그래프는 왜 그리는지, 함수의 그래프 모양이 왜 직선인지, 왜 곡선인지 궁금한 게 참 많은 아이들이다. 궁금한 것을 하나씩 던지다 보면 저절로 수업이 된다. "아, 그건 말이야….'' 라고 설명을 시작하면, 눈치가 빠른 친구들은 탄식하며 책을 펴고, 저마다 자신이 알고 있는 지식을 쏟아 낸다. "틀려도 괜찮아!", "실수해도 괜찮아!"라고 응원하며 학생의 생각을 존중하고 기다려 주다 보면, 학생들의 생각이 모여 쌓이면서 배움이 일어난다. 수학 시간에 흔히 보는 일상이다.

단순 문제 풀이가 아닌 사고력을 기르는 수학

개념을 배우고 문제를 많이 풀어 보고 어디서 실수를 하는지 찾으면서 자신의 약점을 보완하여 실력을 쌓는 수학 수업은 너무나 이상적이다. 하지만 처음 접하는 문제에서는 또다시 손을 놓기 일쑤다. 사고력 수학은 생각하게 하며, 학생들이 서로 도우면서 배움이 일어나며, 능동적인 참여로 학생들이 주도적으로 참여하는 것이다. 개념을 전달하고 바로 배우는 것이 아닌, 어떻게 이런 이론이 나왔는지 생각하고 또 생각하게 한다. 강의식 수업이 아닌 서로의 생각을 나누고 개념을 정리하는 과정을 통하여 온전히 자신의 지식으로 쌓아 가도록 이끌어 준다.

학생들 개개인의 특성을 존중하고 맞춘 성취도별 수학 수업

고등 수업에서 점점 수학을 어려워하는 학생들이 생겼다. 수학 시간이 모두에게 즐거울 수는 없겠지만 단 한 명의 학생이라도 소외되게 둘 수는 없었다. 아이들의 의견도 들어 보며 방법을 찾아 갔다. 그렇게 시작된 수준별 수업은 학년과 관계없이 수학 성취도에 따라 반을 세 그룹으로 나누었다. 고등 수학의 기본적인 내용을 배우는 반, 개념 이해를 하여 스스로 문제를 푸는 반, 개념 이해를 넘어 응용할 수 있고 수학의 즐거움을 나누고 도움을 주는 반으로 구성하였다.

성취도 수업은 학생마다 개개인의 특성을 파악하여 교사가 도움을 줄 수 있다. 수학을 어려워하던 학생들은 자신의 실력에 맞게 목표를 정하고 배움에 임하면서 자신감이 상승하였고, 수학 수업에 대한 긍정적인 마음의 변화도 나타났다. 수학 교과에서 좋은 실력을 보여 주는 학생들은 이전보다 목표치를 높게 설정하여 흥미롭게 심화 부분을 다룰 수 있게 되었다. 다음은 성취도별 수업을 경험한 학생의 소감이다.

"학년별 수업은 수업을 잘 따라오는 친구들 위주로 진행이 되어 따라가기 쉽지 않은 부분이 있고, 성취도의 차이가 있어서 지루한 부분도 있었는데, 성취도별 수업으로 바뀌고부터는 확실히 같은 반끼리 협동하며 긍정적인 영향을 많이 받았던 것 같다. 기존 수학 수업과 달리 성취도별로 수업을 들으면서 개개인이 성장하는 기회도 있고, 동기 부여가 더욱 잘 되어서 열정과 의욕이 넘치게 공부할 수 있었다."

삶의 가치로 보는 수학자의 삶

매 학기 수학자를 조사하고 발표하여 수학 연대기를 만들고 있다. 내가 조사한 수학자뿐 아니라 친구들이 조사한 수학자를 적다 보면 수학의 역사적 흐름을 파악할 수 있다. 수학자의 삶을 통해 어려움을 직면했을 때 포기하지 않고 계속해서 노력하는 것을 배운다. 또한 우리가 수학을 왜 배우는지에 대해 생각하고, 더 나아가 어떻게 살아야 하는지 삶에 적용해 보기도 한다. 이러한 배움을 통해서 수학자의 삶을 바라보고 수학이라는 과목에 흥미와 관심을 가지게 된다.

프로젝트 수업 '삶 속에서의 수학'

한 학기 동안 배운 과정 중에서 학생 스스로 단원을 선택하여 주제를 선정하게 한다. 그리고 이 단원을 선택한 이유를 작성한다. 선택한 주제가 어떻게 우리 삶 속에서 사용되고 있는지 3가지 이상 사례를 찾아 조사하고 사진이나 그림으로 나타낸다. 조사한 내용을 발표한 후 피드백을 받고 과제를 수행하며 느낀 점과 소감을 작성한다.

우리 삶 속에서 수학이 어떻게 사용되고 활용될 수 있는지 알아보는 시간을 통해서, 우리가 배우는 수학이 전혀 동떨어진 학문이 아닌 우리 삶과 밀접하게 연관되어 있음을 알고, 이를 통해 수학에 대한 흥미와 필요성을 깨닫게 한다. 이를 위해서는 연산을 이해하고 자신감을 키워야 한다. 개념과 공식은 연결되어 있다. 프로젝트 수업 속에는 언어적 표현까지 유기적으로 연결되어 있다.

수학은 체계적으로 연결되어 있어 앞의 내용을 이해하지 못하면 다음 내용을 이해하기 어렵다. 프로젝트 수업은 우리 생활 속에 숫자, 규칙을 탐구하고 발표하는 과정을 통해 학생들의 머릿속에 수학의 체계를 그리도록 하여 전체적인 수학에 대한 이해를 돕는다.

| 홍지훈 · 이은지 |

작은 과학자를 키운다

누군가 '과학 교육의 목적이 무엇입니까'라고 물을 때 '과학 교육의 목적은 과학자를 키우는 것입니다.' 라고 대답하고 싶다. 과학자라고 하면 과학을 잘하는 사람을 떠올리지만, 과학자는 과학만 잘하는 사람이 아니다. 과학자는 과학적 현상과 이론에 대해 끊임없이 탐구할 줄 알아야 하며, 다양한 수단으로 정보를 수집할 줄도 알아야 한다. 과학을 통해 우리는 창조 세계를 살필 수 있다. 또한 하나의 결과물을 만들어 내기 위해서는 다른 사람들의 과학적 사고를 모아야 하며 결과물을 만들어 내기까지 협력해야 한다. 그리고 그 결과물에 대한 설명을 과학적 논리력을 가지고 글로 명확하게 표현할 줄 알아야 한다.

과학자에게 무엇보다 중요한 건 연구에 대한 책임감이다. 과학의 발전으로 우리는 조금 더 나아진 삶을 살고 있다. 그러나 과학의 발전으로 환경이 파괴되고, 인간성이 무너지는 현상 또한 함께 일어나고 있다. 그렇다면 우리는 의문을 갖게 된다. '어떤' 작은 과학자를 키워야 할까? 이 때 이야기학교의 교육 철학인 '샬롬'의 관점이 필요하다. 세상의 평화를 위한 과학자여야 한다는 것이다. 과학자는 자신의 연구가 사회에 미치는 영향을 충분히 인지해야 하며, 연구의 결과가 세상을 변화시키는 것에 대한 책임을 져야 한다. 이와 같이 '과학자'라는 단어 안에 과학 교과가 추구해 가야 할 목표가 들어 있다.

초등 아이들의 탐구력이 만드는 과학

실험을 통해 오감으로 배우다

초등 과정에서는 과학을 통해 창조 세계에 대해 알아가는 것을 목표로 두고 있다. 아이들 속에는 무한한 호기심과 창의성이 내재 되어 있다. 아이들은 끊임없이 질문을 던진다. 그 질문들을 수용해 주고, 같이 토론할 때 아이들은 더 놀라운 질문을 던진다. 그 무한한 바탕을 기초로 두고 세상을 탐구하도록 문을 열어 줄 때 아이들은 '과학자'가 된다. 이야기학교에서는 과학 시간에 실험을 통해 탐구 원리와 자연의 과학적 용어를 배워 가도록 한다. 아이들이 가진 오감을 통해 직접 경험하고 실현할 때 가장 잘 배울 수 있기 때문이다. 다양한 실험과 프로젝트 활동을 통하여 아이들은 끊임없이 생각하고 고민한다. 이 과정을 통해 과학적 문제 해결력, 생각하는 힘을 키워간다.

1~2학년 자연 관찰 수업을 통해 아이들은 과학적 호기심의 문을 연다. 과학적 이론을 배우기 이전에 과학자로서 자연을 오감으로 느끼게 하는 것부터 시작하는 것이다. 자연에 대한 관심을 가지고 몰두하고 관찰하면서 과학은 시작된다. 자연 관찰 중에 아이들은 자연 현상에 대해 자연스럽게 질문을 던진다. 그때 교사는 과학적 용어와 현상에 대해 자연스럽게 설명을 한다. 이때 과학적 지식과 관심이 활짝 열린다. 이러한 과학적 밑바탕을 토대로 과학 수업을 시작한다.

5~6학년 아이들에게 발전기를 주제로 수업을 했을 때였다. 그중 한 문장이 아이들을 사로잡았다.

"이렇게 다양한 에너지를 우리가 쓰는 전기 에너지로 바꿀 수 있어요. 물론 전기 에너지 말고 다른 에너지로도 바꿀 수 있죠. 예를 들면 열 에너지로 바꿔서 불을 붙일 수도 있겠지?"

"우리도 불을 붙일 수 있어요?"

당시 수업 내용에 따르면 당연한 결과가 나오겠지만, 아이들의 질문으로 시작된 '다양한 방법으로 불붙이기 실험'은 교사까지 들뜨게 했다. 이 실험은 계획되어 있는 실험은 아니었다. 피어난 아이들의 호기심과 흥미를 다른 실험으로 대체해야 하는지, 현재의 실험을 추가할 것인지 선택에 대한 고민이 시작되었다. 아이들에게 시기에 맞는 실험을 통해 서로 협력하고 실험 절차를 이뤄 가는 배움의 기회를 주는 것도 중요하기 때문이다. 수업의 유연함은 아이들의 또 다른 성장을 돕는다. 수업의 유연성과 배워야 할 과정과 내용을 적절이 조절하는 건 교사의 몫이다. 이런 상황이 생겼을 경우, 진도는 현재 진행하는 실험과 비슷한 실험을 제외하거나 뒤쪽에 다루려 했던 개념들과 실험 절차를 먼저 가져와서 조절한다. 아이들의 상상력과 창의성, 도전 의식이 발현될 때, 수업에 이것을 어떻게, 언제 반영할지 교사는 지혜를 가지고 대처해야 한다. 과학적 탐구력을 수업에 담아낼 수 있는 유연함은 이야기학교의 대안성이 가진 큰 장점이다.

이후 수업에서 불을 붙일 수 있는 여러 방법을 함께 조사하고 각자가 정한 준비물을 가져오게 했다. 실험을 실행하기 위해 조를 구성할 때부터 다양한 토론이 이루어진다. 각자의 역할을 정하고 잘하는 역할이 무엇인지 서로 파악하고 합의를 이룬다. 아이들은 토론 과정에 대한 어려움을 표현하기도 하지만, 어쩌면 이러한 과정은 '실험 수행 단계'보다도 중요할 수 있다.

비인부전(非人不傳)이라는 사자성어는 인간 됨됨이가 갖춰지지 않은 자에게 가르침을 줄 수 없다는 뜻으로, 의역하면 지식보다 성품이 더욱 중요하다는 말이 된다. 과학이 가지는 사회적 영향력과 가치는 매우 크다. 그러니 과학적 지식을 쌓는 사람 자체를 더욱 중요하게 보아야 한다. 그래서 삶을 살아가기 위한 지식을 쓸 지혜와 사회의 원리도 함께 가르치려 노력한다. 이 과정들 속에서 서로 협력하는 방법, 합의하는 방법, 공동체를 이루어 가는 방법을 아이들이 함께 배워 가길 기대한다.

실제 실험이 시작되었다. 전기를 열로 바꾼다며 건전지와 알루미늄 포일을 가져온 조가 있는가 하면 돋보기를 준비한 조도 있었다. 가장 기대되는 조는 나뭇가지를 마찰시켜 불을 낸다는 조였다. 아이들의 질문으로 시작된 실험이었기에 아이들의 수업 집중도와 참여도는 엄청났다. 수업은 종료되었지만, 실험은 계속되었다. 아이들은 끊임없이 주변에서 실험 도구를 찾아다녔다. 5~6학년에서 시작한 이 실험은 후배들에게 전파되었다. 학년 통합적으로 이루어지는 수업 문화와 지식과 경험을 공유하는 이야기학교의 공동체성이 바탕이 되었다. 수업을 들었던 5~6학년 학생들이 1~2학년 후배들에게 실험을 설명하는 모습을 보면 정말 교사가 따로 없다. 이렇게 아이들의 눈에는 주변에 있던 사물과 자연들이 목격되기 시작하고 관찰의 동기가 쌓여 간다.

과학적 지식의 폭과 깊이를 더하다

한 학기에 한 주제를 가지고 아이들과 들여다보면 과학적 지식의 깊이가 더해질 것이라 기대하며, 과학 수업 내용을 주제별로 묶어서 수업하기 시작했다. 자유롭게 교육 과정을 계획하고 실현할 수 있는 이야기학교 교육의 특성 덕분에 가능했던 일이다. 개별 교사의 특성을 존중해 주고 교사만의 교육 과정을 만들어 보기를 권하는 학교의 문화, 분위기의 영향이 있었다. 초등 과학 교과서에는 다양한 주제들이

한 학기에 묶여 있다. 물론 교과서를 활용하기도 하지만, 교과서라는 틀에 얽매이지 않고, 교과서를 기초로 다양한 시도를 해보고 싶었다. 우주, 동물, 전기 등의 다양한 주제로 수업을 하면서 한 학기 동안 과학적 주제에 몰입하는 기회가 되었다.

주제 수업을 통해 과학적 지식의 깊이를 제공한다면, 과학 독서는 책을 통해 아이들이 주도적으로 과학적 지식을 넓혀가도록 돕는다. 과학독서는 종종 과학 교사보다 더욱 훌륭하고 유식하다. 초등 과정에서 수업을 하다 보면 굉장히 신선하고, 독특한 질문이 꽤 많이 나오는데 질문의 출처는 대부분 책이다. 과학 독서 시간에 교사도 함께 과학도서를 읽으면서 학생들이 가장 좋아하는 과학의 분야가 무엇인지 알 수 있었고, 수업 중 나오는 질문의 맥락이 이해되기 시작했다. 과학 독서는 과학 수업과 이미 긴밀하게 연계되어 있었다.

교내 도서 목록을 작성하고 초등 교육 과정에 맞춰 추천 도서 목록을 운영하다 보면, 아이들이 책을 읽다가 교사에게 달려와 책을 보여 주는 경우가 종종 있다. 수업 때 배운 그림이나 표를 책에서 만났을 때 느끼는 반가움이 생각보다 더 큰 것 같다. 또, 과학 독서는 교과서와 수업 그 이상을 보여 준다. 교사가 다루지 못하는 영역의 지식까지 다루기 때문에 지식의 틈을 메워 준다. 중등 과정에서는 과학 독서 후 삶에 대한 적용이 포함된 에세이를 작성하고 있다. 에세이 안에는 지식을 넘어 지혜를 쌓아 가는 과정이 은은하게 드러난다. 독서가 중요하다는 말은 진부하게 느껴질 만큼 우리에게 익숙한 말이지만 학생을 통해 독서의 효과를 몸으로 느낄 때면 진부함은 사라지고 언제나 새로운 수업으로 다가온다.

과학적 논리력을 키워가는 중등 과학

적용문으로 과학적 세상을 이해하다

중등 과정부터는 복잡하고 어려운 과학 개념들이 나오기 시작한다. 학년이 올라갈수록 아이들은 과학의 실용성과 가치를 알고 싶어 한다.

"선생님, 이거 왜 배워요? 어디에 써요? 우리랑 어떤 관련이 있어요?"

이러한 아이들의 태도는 그만큼 우리 과학 교육이 우리 사회와 삶으로부터 멀리 떨어져 있는 것은 아닌지 반성하게 한다. 하루의 일기예보 속에 포함된 기후 변화의 흐름을 아는 것, 더 나아가 이론으로나마 내일 날씨를 예측해 보는 것, 이것이 진정한 삶을 위한 과학 교육이 아닐까.

다른 관점에서 보면, 아이들이 과학을 배우는 이유를 묻는 것은 그만큼 '과학이 우리 삶에 미치는 영향력'에 큰 관심이 있기 때문이라는 생각이 들었다. 그래서 아이들이 과학적 주제에 대한 정보뿐만 아니라 과학과 삶의 연관성에 관한 생각을 담아내도록 '과학 적용문'을 작성하기 시작했다. 적용문 작성의 목적, 첫 번째는 과학 개념의 복습이다. 과학 개념을 학습한 후에 글을 작성하면서 다시 개념을 익힐 수 있기 때문이다. 두 번째는 과학이 삶과 멀지 않다는 것을 알게 해 주고 싶었다. 우리가 배운 과학적 개념이 이론을 넘어서 실생활과 연관되기 시작할 때, 아이들의 동기와 세상을 바라보는 폭은 놀랍게 성장한다. 실제로 과학은 생활과 밀접하게 연관되어 있다. 우리가 사는 집 안에도 과학적 요소들이 풍성하게 담겨 있다. 세 번째는 과학을 인문학적 시각으로 바라보게 해 주어 삶 속에서 만나는 다양한 분야와 유연하게 융합하게 하기 위함이다. 적용문을 작성하면서 과학적 개념과 삶을 연관 짓는 폭이 점차 넓어져 간다. 또한, '어떻게 내 삶과 과학 개념을 연관 지을까'에 대한 고민이 글에 묻어 나오는 것을 본다. 과학이 과학으로만 머무는 것이 아니라 타 영역과도 융합적으로 섞이는 것이다. 살아 있는 지식이 무엇인지 또 한 번 깨닫게 된다. 아이들의 적용문 일부를 발췌해 보았다.

> 우리가 생각하는 설탕은 달고 물에 잘 녹고 요리에 많이 쓰인다. 하지만 설탕은 과학적인 의미도 있다. $C_{12}H_{22}O_{12}$의 분자이고 전기가 잘 통하지 않고 (상온에서) 고체이다. 이처럼 한 단어 속에는 그동안 보지 못했던 많은 의미와 작은 뜻들이 담겨 있다. (중략) 마지막으로, '나'라는 존재도 다시 생각해 보아야 한다. 내 안에 어떤 많은 뜻과 의미가 담겨 있을까. 내 진정한 의미와 존재 이유를 알고 사는 것이 더욱 아름다운 삶을 만들 수 있다.
>
> 염화칼슘은 눈을 녹여 제거하는 물질이다. 그런데 염화칼슘이 자동차와 도로를 부식시키는 등 여러 가지 문제를 일으키고 있기에 염화칼슘을 대체할 친환경 제설제가 필요하다. (중략) 나는 염화칼슘이 눈을 녹이는 제설제로 쓰이듯

이, 내가 좋은 마음으로 남에게 도움을 베풀었을 때 보기에는 좋아 보이지만 또 다른 피해를 줄 수 있겠다는 생각이 들었다.

하지만 중요한 것은 이렇게 되기까지 인간이 과연 어떤 행동을 했는지 알아보는 것이다. 우리는 우리에게 주어진 자연을 누리고, 사용하는 것만 열중할 뿐, 자연과 인간은 동등하게 영향을 주고받을 수 있다는 사실은 잊고 산다. 실제로 최근 일어나고 있는 대형 재난들, 이를테면 일본의 쓰나미나 인도의 대홍수, 필리핀의 슈퍼 태풍 등등을 보면 대자연 앞에서 인간은 바람 앞에 등불같이 무기력하다는 것을 알 수 있다. 더는 자연을 소모품으로 생각하는 것을 고치지 못한다면, 지금 일어나고 있는 지구 온난화와 온도 상승에 따른 멸종은 피할 수 없을 것이다.

다양한 방법으로 과학을 배우다

중등 과학은 학년을 통합하여 수업을 진행한다. 과학을 주제별로 수업하기에 가능한 일이다. 학년을 통합했을 때 서로가 서로에게 배울 수 있는 부분이 많아진다. 일례로 토론 수업을 했을 때 폭넓은 학습이 가능하다. 상호 배움과 토론을 할 수 있는 이야기학교의 문화를 바탕으로 과학 수업에 토론 수업을 도입했다. 연습 문제를 4인 1조로 토론하여 풀게 하는데, 옆에서 아이들의 이야기를 듣다 보면 아주 재미있다.

문제 : 책가방과 샤프를 옥상에서 떨어뜨리면 어떤 것이 먼저 떨어질까?

"책가방이 먼저 떨어지겠지. 그냥 그럴 거 같아."

"처음엔 똑같이 떨어지다가 책가방이 점점 빨라질 거야. 책가방 중력이 더 세잖아. 더 무거우니까."

과학적 개념을 암기하는 것도 중요하지만 과학적 토론을 통해 '과학적 논리력'을 키워 가길 기대했다. 그 과정은 아이들 스스로 생각하고 답을 내리는 합리적인 과정을 통해 만들어진다. 여유 공간을 주어야 하고, 함께 토론할 동료들이 있어야 하며, 길을 잃을 때 도움을 줄 교사의 적절한 조언도 필요하다. 토론하던 중 의문이 생긴 아이들은 학교 옆에 있던 교회 건물 첨탑에 올라가 물건 낙하 실험을 수행하면 어떻게 되겠냐는 질문을 던진다. 더 높은 곳에서 물건을 떨어트리면 분명 차이가 날 것이라며. 이처럼 익숙한 방식을 조금만 벗어나도 새롭게 할 수 있는 교육 활동은 생각보다 다양하다.

최근에 기술의 발전을 이루면서 기술에 대한 우려도 함께 나오고 있다. 기술의 발전으로 우리는 인간에게 맡겨진 환경을 파괴하는 일들을 보고 있다. 중등 과정에서는 책임 있는 과학을 배우는 것을 중점으로 두고 있다. 과학적 지식과 논리적 사고를 통해 사람과, 환경을 생각하는 책임 있는 아이들로 자라가길 기대한다. 하나님이 우리에게 맡겨 놓으신 세상을 청지기적 자세로 신실하게 관리하고 책임지는 아이들로 말이다.

'신실함 워크숍'과 같은 교육 과정과 과학은 긴밀한 연계가 되어 있다. '환경'을 주제로 한 2021년 신실함 워크숍에서는 환경을 위해 우리가 해야 할 행동 계획(액션 플랜)을 세웠다. 이후 지구 온도에 따른 환경 변화 수업을 진행하여 아이들에게 동기를 부여하였다. 실제로 이 수업은 아이들에게 큰 동기 부여가 되었으며, 환경 감수성이 증가한 것을 볼 수 있었다. 또한 과학적 기술로 사회에 선한 영향을 미치는 것까지 배워 가는 수업 과정을 고려하고 있다. 이를 위해 사회 수업과 연계하여 수업 목차를 조정하려고 준비 중이다. 인권 신장을 위해 과학적 기술이 어떤 도움이 될지, 어떤 발명품을 통해 인권을 신장할 수 있을지 아이들이 직접 토론하고 고민해서 발명하는 것이다. 인권 교육은 사회 수업을 통해 깊이 다루고, 인권 보장을 위한 아이디어와 시제품 발명은 과학 및 컴퓨터 시간에 이루어지도록 하는 것을 꿈꾸며 준비하고 있다.

이처럼 다양한 교육 방법에 도전하고 교육 과정을 통합 및 재구성할 수 있는 환경은 대안 교육의 특권이자 큰 무기이다. 교사가 학급 수준 교육 과정에 대한 자율성을 발휘할수록 교실의 생명력은 더욱 살아날 것이다.

평화를 만들어 가는 과학 교육

학생은 수업이 아니라 교사를 기억한다는 말이 있다. 개념보다 개념에 담긴 의미, 개념을 전달하는 방식, 더 나아가 인격적인 만남이 어쩌면 더 큰 영향을 미칠지도 모르겠다. 그래서 학교에서의 배움이 노트에만 있지 않았으면 좋겠다. 노트의 지식과 노트에 지식을 적던 그 순간이 함께 어우러져 진로를 설계하는 기반이 되는 것은 물론 세상이 돌아가는 원리를 인식하고 향유하는 사람이 되면 좋겠다. 더 나아가 더 나은 세상을 만드는 에너지가 되었으면 좋겠다. 길을 걷다가 문득 꽃향기가 실린 바람을 만났을 때 두리번거리며 꽃을 찾는 것처럼, 우리가 살다가 마주하는 다양한 현상들을 '과학'으로 인식하고 세상을 두리번거리기를 바란다. 더 나아가 개인의 영역을 넘어 공공의 영역에서 과학적으로 문제를 해결하기를 바란다. 그것이 앞서 말했던 작은 과학자의 책임이자 역할인 것이다. 과학 교과에서의 평화를 만들어 간다는 말은 바로 이것이다.

"이야기학교는 졸업할 때 자기 삶을 살아갈 수 있는 성인으로 만드는 교육 과정인 것 같네요." 한 대안 학교 교장이 말해 주었다. "이야기학교는 작은 한동대 같아요." 사회적 기업을 하는 한동대 출신 대표가 이야기한다.

3부에서는, 교육이란 교과 수업만이 아니라 더 넓은 활동이라는 것을 설명하고 있다. 교육이란, 좋은 사람으로 성장하기 위해 돕는 모든 과정이기 때문이다. 교육은 결국 한 사람의 삶을 위한 것이고, 그 삶을 설계해 나가는 과정이 진로이다. 이야기학교의 12년 교육 과정은 성인의 삶을 준비하도록 하는 방향으로 설계되어 있다. 교과목으로도 접근하지만 교육 체계를 이해할 수 있다면 진로에 관한 아이디어를 얻을 수 있을 것이다.

교육은 자기를 만들어 가는 과정이다. 또한 사람만이 아니라 자연과도 더불어 살아가는 생태 감수성을 길러 주는 과정이기도 하다. 이야기학교는 '신실함'이라는 주제로 자신을 성숙시키는 수업, 생태 환경 수업과 활동을 매 학기 진행한다. 이야기학교 교육 철학을 담은 평화 수업은 중등 과정에 있어서 가치를 정립하도록 도와준다. 청소년기 자기를 이해하는 과정, 사회적인 이슈를 분석하는 과정, 심지어 결혼과 가정 영역까지 다룬다. 아이들은 삶의 과제를 직접 다루는 것을 좋아하고 흥미로워한다. 지식이 삶의 지혜로 적용되는 과정을 제공한다.

이야기학교의 여행은 다양하게 펼쳐진다. 캠퍼스가 서울의 작은 공간이 아니라 전국, 세계로 확장된다. 여행은 다양한 활동을 할 수 있는 공간을 주기도 하고, 성장을 위한 모험을 주기도 한다. 사람이 살아가는 현장을 직접 만나고. 과거 역사도 직접 눈으로 볼 수 있다. 아이들은 듣고 보는 만큼 성장한다. 세상을 배워 가는 직접적인 경험을 여행을 통해 제공하고 있는 것이다. 여행이라는 낭만에 캠프라는 요소를 더해 흥미로운 활동이 만들어졌다. 여행 캠프가 주는 묘한 매력을 아이들의 몸이 기억할 것이다.

프로젝트는 최근 획기적인 교육 방법으로 관심을 끌고 있다. 북유럽은 교과목에서 삶과 가까운 것을 끌어들여 배움을 한다. 이야기학교에서도 주변의 일상을 다루는 프로젝트 수업을 한다. 그리고 프로젝트 자체로 학교의 행사를 만들고, 지역 사회와 연계된 생활 주제를 다룬다. 프로젝트는 사회에 깊숙이 발을 들여놓는 활동을 하며 행동하는 주체가 되는 살아있는 수업이다.

컴퓨터 활용은 삶의 일부가 되었다. 이야기학교 컴퓨터 교육은 초등 1학년부터 중등까지 순차적으로 단계를 구성해두었다. 컴퓨터 교육의 목표는 '활용'에 있다. 아이들은 배운 것을 활용하며 자기 것으로 만든다. 학교의 주요한 일에 컴퓨터로 결과물을 만들어 활용한다. 시도해보는 만큼 역량이 커진다. 이야기학교는 학년별, 역량 중심적 컴퓨터 사이언스 수업을 지향한다. 실용적인 측면에 더해 가치적인 접근을 한다. 가상 세계를 살아간다 해도 결국 사람이 다루는 것이다. 기술은 사람을 위한 것이어야 한다.

국어, 영어, 수학만이 교과목이 아니다. 학교에서 교육하는 모든 것이 교과목이다. 그것은 꼭 필요하기 때문에 아이들에게 배우게 하는 것이다. 주요 과목과 비주요 과목을 나누는 것, 교과목과 체험 활동으로 나누는 것은 교육을 왜곡되게 만들기도 한다. 이야기학교는 교육을 더 넓게 보려 한다. 한 사회를 건강하게 살아가는 인격체를 섬기는 것을 교육으로 보고 있다. 그런 관점이 마지막 3부, 통합적인 교육 활동에 담겨 있다.

❶ 진로 : 어떤 사람? 어떤 삶?

| 장한섭 |

이야기학교의 교육 과정의 목표는 '진로'에 있다. 교육은 어떤 사람이 되고, 어떤 삶을 살 것인가를 찾아가도록 돕는 것이기 때문이다. 한 사람이 어떤 정체성을 갖느냐, 어떤 인격을 갖추느냐에 따라 삶은 달라진다. 한 사람이 어떤 재능, 어떤 역량을 발견하고 키우느냐에 따라 다른 삶을 살아간다. 한 사람이 어떤 가치관을 갖느냐에 따라 다른 삶을 만들어 간다. 따라서 진로는 전 생애적인 것이고, 전인격적이고, 종합적인 것이다.

하지만 한국 사회는 진로 교육을 좁은 의미로 보고 있다. 아이의 적성을 찾아 전공을 결정하거나 직업을 선택하는 것 정도로 취급하고 있다. 그것은 진로에서 아주 작은 부분이다. 진로는 한 사람의 전체적인 삶을 설계하도록 돕는 과정이다. 이 때문에 한 인격체가 전 생애적이고 전인격적으로 성장하는 통합적인 접근을 해야 한다. 가정에서 자라온 환경부터 유치원 초중고 과정에서 받은 영향이 정체성과 가치관에 고스란히 쌓인다. 이에 더해 아이들이 속한 사회적 특성이 삶의 가치에 큰 영향을 준다.

자기 이해를 바탕으로 한 삶의 설계 과정

네덜란드에 있는 자유 학교에 방문했을 때 그들의 초중고 교육체계는 1~9학년까지 'WHO AM I?'이고, 10~12학년은 'HOW TO LIVE?'로 구성되어 있었다. 이야기학교는 그러한 교육 체계를 받아들였다. 초등 과정은 존중의 문화 속에서 자기 자신이 되고 다양한 경험을 통해 자기를 발현할 수 있도록 한다. 중등 과정은 자기를 정리하면서 정체성을 형성하고 인생의 길을 찾아가도록 한다.

아이들에게 꿈을 빨리 찾으라고 강요하는 것보다 자기 자신이 되고, 자기 자신의 삶을 설계해 나갈 수 있는 환경을 제공하는 것이 중요하다. 아이들은 아직 자신에 대해, 사회에 대해 충분히 알지 못한다. 자기 가치관을 정립한 상태도 아니다. 이는 점차 만들어갈 것이다. 그 여정을 어른들이 함께해 주는 것이 필요하다. 먼저 부모와 교사는 아이들의 인생에 큰 영향을 준다는 사실을 기억해야 한다. 아이를 대하는 태도가 자기 존재감을 형성한다. 아이에게 거울 반응을 해준 것이 자기 이해에 도움이 된다. 아이에게 말해 준 것들이 아이의 가치관이 된다.

초등 시기에는 많은 경험을 제공한다. 한 아이가 균형 있게 성장하는 것을 돕고, 자기 안에 있는 재능의 씨앗이 발현되도록 자극한다. 전문가가 되기 위한 활동들이 아니라 다양한 것을 즐겁게 할 수 있도록 한다. 아이들은 그 속에서 무엇을 좋아하는지, 어떤 것을 하고 싶은지, 잘하는 것이 무엇인지를 알아 갈 수 있다.

중등 시기에는 한 사람으로서 자기 정리를 해낸다. 그것을 사춘기라고 한다. 여러 사회에서 만 13세에서 14세 사이에 성인식을 한다. 한국도 우리 나이 15세에 성인식을 했다. 산업 사회 이후 청소년기가 생겼고, 사회 진출이 늦어지면서 성인기도 늦추어졌다. 하지만 사람이 성장할 때의 근본 바탕은 변하지 않았다. 중등은 자기 정체성이 확립되고, 이어서 가치관의 기본 틀이 형성된다. 애벌레가 고치가 되고 나비가 되기 위해 단단한 껍질을 뚫고 나오듯, 청소년기의 고된 과정을 지지하고 공간과 시간을 넉넉히 주어야 한다. 그리고 다양한 삶의 이야기를 직접 접할 수 있도록 어른들과 대화하고, 타 문화를 경험할 수 있도록 하는 것이 도움이 된다. 자기를 실험해 볼 수 있는 도전 거리를 접하는 것도 필요하다. 그렇게 아이들은 자기만의 고유한 특성을 만들고, 알아 간다.

어떻게 살고 싶은가?

진로에는 자신이 무엇을 할 것인가를 찾는 것만 들어있지 않다. 어떻게 살고 싶은가를 깊이 있게 고민하는 과정이 포함된다. 그리고 가정을 이루고 자녀를 기르는 선택, 곧 결혼이라는 영역을 꼭 생각해야 한다. 삶은 무슨 일을 하느냐도 중요하지만 누구를 만나 가정을 이루느냐가 더 큰 영향을 끼친다. 인생 계획에 결혼, 자녀 양육을 넣어야 하고, 사전에 어떤 준비를 해야 할 것인지 알려주어야 한다. 결혼과 자녀 양육의 핵심은 '관계'이다. 다른 사람과 존중의 관계 맺기를 할 수 있다면 함께 잘 살아갈 수 있는 기본기가 갖추어져 있는 것이다. 그런 이유로 가정을 이루는 것이 어렵기도 하다. 존중의 관계 맺기는 하루아침에 이루어지지 않기 때문이다. 오랜 시간 성품이 다듬어지고, 관계 맺기의 기술을 습득해야만 안정된 가정을 이룰 수 있다. 이야기학교의 교육 체계 안에는 존중의 관계 맺기를 위한 것들이 문화로 만들어져 있다. 수년 동안 함께 학교생활을 하면서 아이들은 다듬어지는 과정을 거치게 된다. 또 중등 시기에는 '결혼과 가정'에 관한 한 학기 수업을 들으며 미리 생각하고 준비할 수 있도록 한다.

스스로 진로를 설계할 수 있는 진로 교육

이야기학교에서 진로 교육은 몇 가지 목적이 있다. 첫 번째 목적은 자기 스스로 진로를 설계해 나갈 수 있도록 과정을 경험하게 하는 것이다. 두 번째 목적은 진로 재설정을 할 수 있는 역량을 기르는 것이다. 세 번째 목적은 삶의 복잡함을 이해하고 의미 있는 삶을 살아가도록 하는 것이다. 이러한 진로 교육을 위해 이야기학교는 다음과 같이 종합적으로 접근한다.

하나, 자기 발현 : 자기 내면에 어떤 씨앗이 있는지 알기 위해서 다양한 모험과 경험을 한다.

둘, 자기 이해 : 자신을 이해하는 것은 진로 설계의 출발이자 기초이다. 자신에 관해 모든 것을 알려고 노력한다. 성격, 재능, 감정 반응, 선택과정, 관계, 스트레스 관리, 낯선 상황 접근 방식, 배움의 능력, 좋아하는 것, 영적 색깔 등 여러 영역을 탐색한다.

셋, 자기 성찰 : 자기 이해를 할 수 있으려면 성찰 역량이 있어야 한다. 자기를 살펴보는 것은 습관이고 훈련이다. 따라서 어릴 때부터 자기를 돌아보는 연습이 필요하다. 자기 탐색은 매우 큰 용기가 있어야 한다. 그 용기의 뿌리는 영유아기에 주 양육자로부터 얻게 된 신뢰이다.

넷, 재능 발견 : 자신이 좋아하는 것과 잘하는 것, 하고 싶은 것을 찾아가는 것이다. 직접 해 보는 것이 가장 좋은 재능 발견 방법이다. 잘하지 못하더라도 다양한 경험에 자신을 던져 넣는 용기가 있어야 한다. 또 주변 사람들이 잘한다고 말해 주는 것에 귀를 기울일 필요가 있다.

다섯, 부모 환경 : 부모가 가진 삶의 가치관이 아이의 진로 방향에 영향을 준다. 부모는 양극단을 피하는 것이 좋다. 모든 것을 자녀에게 맡겨두고 방임하는 형태나 자녀의 인생을 부모가 간섭해서 만드는 형태를 말한다. 자녀의 삶을 독립적인 것으로 존중하면서 적절한 지원을 해줄 때 아이들은 건강한 길을 걸어갈 수 있다.

여섯, 자기 평가 : 진로를 설계할 때 객관적인 현실 진단이 필요하다. 자신의 준비 정도, 학업적 능력, 하고 싶은 것의 실현 가능성 등에 대한 냉정한 자기 평가가 있어야 한다.

일곱, 진로 코칭 : 부모, 교사, 선배, 전문가 등으로부터 삶의 방향과 준비에 대해 조언을 받는 것이 필요하다. 혼자서는 거대한 삶을 다 알 수도 없고, 설계할 수도 없다. 적극적으로 인생 선배들을 찾아 도움을 청하는 사람이 지혜롭다.

여덟, 사회 문화 : 삶을 위한 준비는 내가 살아가는 사회에 적응하는 것이기도 하다. 사회의 맥락을 이해하는 것은 진로 준비에서 필수적이다. 한 사회의 형성은 과거 역사, 현재 사건, 그리고 앞으로의 변화를 포괄한다.

아홉, 다른 관점 : 내가 사는 곳만이 삶의 전부는 아니다. 다른 지역, 다른 문화, 다른 환경을 여행하고 사람을 만나 보는 것이 삶의 관점을 넓혀 준다. 우리 주변에는 전혀 다른 시각으로 삶을 바라보는 사람도 있다.

열, 삶의 목적 : 삶의 의미는 무엇인가? 어떻게 살고 싶은가? 어떤 삶이 좋은 삶인가? 이런 질문을 가지고 씨름해야 한다. 책을 읽으며 질문하고, 신앙적 사색 속에서 답을 찾아갈 수 있다.

열하나, 삶의 역량 : 삶을 위해서는 역량이 필요하다. 관계, 자기 관리, 일, 배움, 문제 해결 등 역량은 노력하고 수고하는 만큼 성장한다. 책임 있게 삶을 살기 위해서 준비해야 할 것을 연습하는 것이 진로 준비이다.

열둘, 삶의 과제 : 인생에는 주기가 있다. 대부분의 사람이 거쳐 가는 과정이다. 10대, 20대, 30대, 40대…. 연령 시기마다 해결해야 할 과제가 있다. 또 결혼을 한다면 신혼기, 자녀 양육기, 자녀 독립기, 자녀 결혼에 따른 여정이 있다. 모두에게 일어나지 않더라도 질병, 실직, 의외의 사고, 결혼 갈등, 자녀 양육 위기 등 이러한 삶을 어느 정도 이해하고 준비하는 것이 진로이다.

열셋, 진로 설계 : 청소년기에 진로를 설계해 보는 것이 좋다. 나이가 들어가면서 시야가 넓어지고 정보가 많아지면 수정하고 보완한다. 진로 설계는 인생에서 반복되는 작업이다. '전환기'라고 말하는 시기마다 진로 재설계를 해야 하기 때문이다.

다층적 접근의 진로 교육

이야기학교는 위와 같은 종합적인 관점을 가지고 진로 교육 과정을 운용하고 있다. 앞에서 말했듯이 크게 'WHO AM I?', 'HOW TO LIVE?'로 되어 있다.

① 진로 수업 : 이야기학교는 9학년 1학기부터 10학년 2학기까지 4학

기 동안 진로 설계에 관해 직접적으로 배운다. 진로 수업의 첫 번째 목적은 '진로 설계를 해나가는 과정을 익히는 것'이다. 첫 학기에는 '나는 누구인가?'에 집중한다. 두 번째 학기는 아이들이 '인생 설계'를 직접 해 본다. 세 번째 학기는 진로 가치를 형성하며 '진로 로드맵'을 작성한다. 마지막 학기는 '자기 관리를 위한 시간표 활용의 실제적인 훈련'을 한다. 이러한 진로 수업을 통해 아이들이 얻는 것은 진학 진로, 직업 진로를 포함한 인생 전체의 방향에 대한 것이다. 진로 설계의 방법을 가르쳐 주고 동행해 줄 때, 아이들은 스스로 자신의 길을 충분히 그려 낼 수 있다.

② **진로 특강** : 진로는 삶의 실제적인 이야기를 들으며 더 분명하게 잡아갈 수 있다. 때문에 이야기학교는 월요일 저녁마다 각 분야의 직업 현장에 계신 분들의 인생 이야기를 듣는 시간을 갖는다. 하나는 한 사람으로서의 삶을, 다른 하나는 직업적 내용에 대해서 아이들에게 들려주는 것이다. 한 학기에 12명, 1년에 24명 정도의 어른들이 섬겨 주고 있다. 최소 5년을 누적한다면 120여 명의 삶의 이야기를 직접 듣는 것이다.

③ **유럽 여행 수업** : 11학년에 한 달간 유럽 여행 수업을 진행한다. 아이들은 직접 여행 코스를 선택하고, 숙박과 이동에 관한 예약을 한다. 식비와 간식비, 공용 경비를 스스로 결정하여 진행한다. 여행 수업의 첫 번째 목적은 다른 세계의 삶을 경험하는 것이다. 아이들이 다른 세상의 삶을 직접 보면서, 자기의 인생을 고민해 보고 보다 넓은 시야를

갖도록 하는 것이다. 아직 사고의 틀이 덜 고정되었을 때에 다른 세계를 접하고 생각해 볼 기회를 주는 것은 좋은 진로 수업중의 하나이다.

④ **인턴십** : 11, 12학년은 서울시 학교 밖 지원 센터에서 지원하는 '인턴십' 프로그램에 신청하여 참가한다. 11학년은 여름 방학을 포함한 기간에 인턴십을 할 수 있도록 수업 시간을 조정한다. 12학년은 3월부터 개별 교육 과정을 진행하기에 자유롭게 신청하여 참가할 수 있다. 인턴십은 실제적인 직업 관련 지식과 경험을 얻을 수 있다.

⑤ **샬롬 튜토리얼** : 11학년 샬롬 튜토리얼은 진로의 종착지와 같다. 자신이 관심 있는 진로 분야를 학문적으로 자료를 찾아 정리하고, 실천적인 활동을 통하여 연구 보고서를 작성한다.

⑥ **프로젝트 중심 교육 과정** : 11학년 2학기에 진로를 중심으로 한 프로젝트 중심 교육 과정을 선택할 수 있다. 5개 교육 과정(축제, 인턴십, 샬롬 튜토리얼, 사회적 기업 창업 수업, 개인 프로젝트)을 중심으로 한 학기를 학생 스스로 직접 계획하고 생활할 수 있다.

⑦ **교리와 삶** : 12학년 2학기 교리와 삶을 통해 사회에 나가 삶을 살 때 어떤 관점을 가져야 할 것인지 토론한다. 교리를 직접 삶과 연결하여 수업하는 시간이다.

⑧ **진로 에세이 쓰기** : 9~10학년 4학기 동안 진로 핵심 주제를 잡고 에세이를 작성한다. '나는 어떤 사람이 되고 싶은가?', '나는 어떤 삶을 살고 싶은가?', '어떤 삶이 좋은 삶인가?', '나는 진로를 위해 어떤 노력을 해야 하는가?' 를 주제로 사용한다.

⑨ **진로 신문 읽기** : 매주 2회 신문을 읽으며 사회를 파악한다. 진로와 연관된 기사를 주의 깊게 살펴 정보와 흐름을 이해한다.

⑩ **진학 코칭** : 졸업한 선배들이 진학 코치로 자원하여 후배들을 섬겨 준다. 고등 과정 후배들이 진학 정보 찾기, 전형 소개(검정고시 전형, 학생부 종합 전형, 대안 학교 전형), 진학 준비(자기소개서, 포트폴리오 준비 등)를 직접적으로 할 수 있도록 지도한다.

⑪ **졸업생 인생 설계** : 졸업식에서 12학년 졸업생은 졸업장을 받기 전에 인생 설계를 발표한다. 9학년 때 작성했던 것보다는 조금 더 현실적이다. 졸업생의 이야기를 들으며 참석한 부모는 아이의 인생을 응원한다. 만만치 않은 것이 삶이라는 것을 알기에 아이들의 순수한 그림에 격려를 보내며, 부모 자신의 삶도 돌아보는 기회가 된다.

⑫ **이야기 아카데미** : 교사와 졸업생, 그리고 고등 이상의 재학생이 1년에 한 차례 모여 책 읽기와 토론을 하며 가치를 공유한다. 재학생과 졸업생의 교육 공동체를 만들어 가며 졸업 이후의 삶에서도 현상만 바라보지 않을 수 있도록 돕는 과정이다.

두 졸업생의 진로 이야기

진로는 교육의 열매라고 볼 수 있다. 이야기학교의 졸업생 중에 두 가지 사례를 들어 보겠다.

한 아이는 자동차 딜러에 관심을 가졌다. 12학년에 3개월 동안 자동차 정비 학원에 다녔다. 그리고 스스로 자동차 딜러학과를 찾아서 합격했다. 1학년을 마치고 군에 입대하였고, 제대를 남겨 두고 휴가 중에 수입 자동차 검수하는 직장을 알아보고 면접을 봤다. 제대하자마자 직장에서 일하면서 사회적 경험을 쌓았다. 1년 후, 2학년에 복학하여 학업을 지속한 후에 자신이 원하는 자동차 회사에 딜러로 취직했다.

또 다른 아이는 본인이 진학하고자 하는 학과에 입학하기 위해 재수를 했다. 학교에 다니면서 교수님과 좋은 관계를 맺으며 지도를 받았다. 학교 공부 외에 실력을 다지기 위해 다양한 배움을 경험해 나갔다. 이 아이는 졸업 전에 교수님의 추천으로 신문사에 취직했다. 미래를 바라보며 첫 직장에서 어떻게 지내야 할 것인지 계획을 세우고 일하고 있다.

이야기학교가 진로 교육에서 만들어 내고 싶은 눈에 보이는 모습이다. 졸업생들의 진로 이야기를 볼 때, 그런 면에서 어느 정도 성과를 내고 있다고 할 수 있다. 그러나 이야기학교의 진로 교육은 더 먼 미래를 본다. 졸업한 아이들이 좋은 성품과 가치관으로 자기가 살아가는 현장에서 타인을 섬기고, 사회를 밝게 하고, 하나님 나라의 가치를 실현해 가는 것이다.

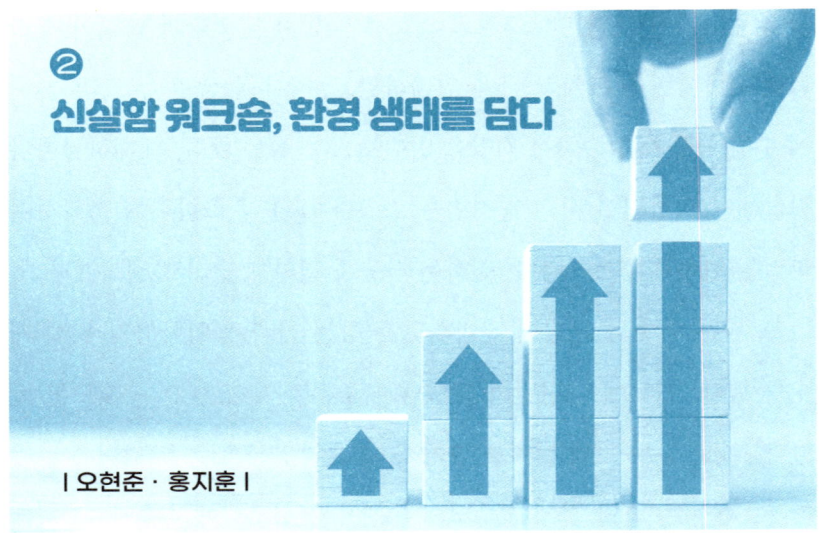

❷ 신실함 워크숍, 환경 생태를 담다

| 오현준 · 홍지훈 |

평화를 만드는 성품, 신실함

우리는 신실할 수 있을까?

신실함은 영어로 Faith 즉, 신뢰를 번역한 단어이다. 신실함은 하나님의 성품이다. 어떤 가치를 개인에게 적용하여 신실하게 지속하면 성품이 된다. 마찬가지로 사회와 공동체에 지속하면 문화가 만들어진다. 그 고민이 신실함의 워크숍으로 이야기학교 교육 과정 안에 표현되고 있다. 이야기학교에서는 매 학기가 시작할 때 '신실함 워크숍'을 진행한다. 그 학기 동안 신실할 수 있는 삶의 영역을 정하고 그 주제를 깊이 들여다보고, 조별로 토의하고, 한 학기 실천 계획(액션 플랜)을 작성한다.

신실함 워크숍에 담긴 교육 원리

신실함 워크숍은 '주제 워크숍 – 액션 플랜 작성 – 갤러리 워크(피드백) – 점검 대화 모임'의 구조를 가진 성품 교육이자 학교의 방향을 맞추는 나침반이다. 그래서 한 학기 동안의 학교 전체가 실행할 방향을 결정하기 위해 매 학기 시작과 동시에 전교생을 대상으로 함께 이루어진다. 그 구조 안에는 다양한 교육 원리들이 정교하게 녹아 있다.

신실함 워크숍은 기본적으로 여러 협력과 학생 주도적 활동을 포함하고 있다. 그 안에 적용된 교육 원리 중 첫 번째는 EC(Educational Care)의 원리로 SMART한 계획을 세운다는 것이다. EC에서는 이것을 액션 플랜(Action Plan)이라고 부른다. 실제적 행동 계획을 세워 신실함 워크숍의 결과물로 삼는데 그 방법은 아래와 같이 SMART하게 이루어진다.

S (Specific) 구체성

– 나의 활동 결과로 기대되는 변화를 **구체적**으로 묘사할 수 있어야 한다.

M (Measurable) 측정 가능성

– 그 변화가 실제로 이루어졌는지 **측정**할 수 있어야 한다.

A (Attainable) 성취 가능성

– 실제로 그 계획을 내가 **실행**할 수 있어야 한다.

R (Realistic) 현실성 – 나의 **한계**와 **능력**을 고려해야 한다.

T (Time bound) 시간 제한 – 정확한 **시간**을 언급해야 한다.

위와 같이 신실함 워크숍은 그 주제에 대한 토의와 함께 자신의 실제적 행동을 설정한다. 측정 가능한 목표이기 때문에 학기 중간에 다시 한번 플랜을 점검하고 나눌 때 좋은 효과를 거둘 수 있다.

두 번째 원리는 PBL의 원리로서 피드백 과정이 포함된다. 갤러리 워크로 부르는 이 과정은 마치 우아한 미술관을 연상케 한다. 벽에 각자 작성한 액션 플랜을 붙인 후 학생들이 벽을 따라 걸어다니면서 따뜻한 피드백(잘한 점)과 차가운 피드백(개선할 점)을 포스트잇에 적어 다른 학생의 액션 플랜에 붙여 준다. 다른 사람들이 이미 붙인 피드백을 보고 영향을 받지 않도록 뒤집어서 붙여야 한다. 잔잔한 음악과 함께 액션 플랜 갤러리를 한 바퀴 돌면 갤러리 워크가 끝이 난다. 이렇게 모인 피드백을 각자 확인하여 액션 플랜을 수정하면서 더욱 SMART한 완성도를 갖추게 된다.

세 번째 원리는 회복적 생활 교육의 실천이다. 신실함 워크숍의 마무리와 학기 중간, 학기 마무리 시간에 점검 시간을 가짐으로써 SMART함을 확보하고 있다. 그 방식이 바로 회복적 생활 교육으로 이루어진다. 과정별로 액션 플랜에 대한 실행, 주제에 대한 소감 등 대화 모임을 진행한다. 이를 통해 워크숍의 내용을 삶 속에서 실행하도록 도우며 말 그대로 신실하게 살아가도록 돕는 것이다.

신실함 워크숍은 그 자체로 교육적 의미가 큰 활동인 동시에 우리가 삶 속에서 신실할 수 있는 여러 주제를 담는 유용한 도구이다. 교무실에는 교사들이 작성한 액션 플랜이 여전히 붙어 있다. 이처럼 워크숍을 하고, 한 학기 동안 반별로 게시하고, 실행 여부를 확인하는 과정 자체로 교육의 연속성과 체계성을 확보할 수 있다. 신실함의 워크숍의 주제는 어느새 학교의 문화가 되었다. 이렇게 만들어진 건강한 문화 속에서 아이들의 성품은 나날이 성숙해져 간다.

우리는 무엇에 대해 신실할 수 있을까?

무엇을 주제로 삼아야 할까? 신실함 워크숍은 특정 주제를 정하여 진행된다. 예를 들면, 2020년 2학기의 경우 자기 관리의 신실함을 주제로 하여 나는 어떻게 자기 관리에서 신실할 수 있을지에 대한 워크숍이 이루어졌다. 자기 관리의 의미와 필요성, 올바른 자기 관리 방법과 태도를 함께 확인하고 토의하면서 우리 삶의 모습과 연관지어 간다. 아래는 그동안 진행했던 신실함 워크숍 주제이다.

학기	역대 신실함의 워크숍 주제
2018-1학기	신실함
2018-2학기	기대하는 나의 모습
2018-1학기	나는 어떻게 학습에서 신실할 수 있을까?
2018-2학기	'배우는 나'는 어떻게 신실할 수 있을까?
2019-1학기	나는 어떻게 신실한 신앙을 가질 수 있을까?
2019-2학기	나는 어떻게 가족 관계에서 신실할 수 있을까?
2020-1, 2학기	나는 어떻게 자기 관리에서 신실할 수 있을까?
2021-1, 2학기	나는 어떻게 환경에 대하여 신실할 수 있을까?

특히 2021년에는 환경에 대한 신실함을 주제로 환경 오염과 기후 문제 등 여러 환경 문제 앞에서 우리가 해야하는 역할을 확인하였는데, 이후 몇몇 수업 내용과 교내 환경 프로젝트가 함께 엮이면서 큰 시너지를 발휘하였다. 환경에 대한 학생들의 인식이 크게 바뀌었고 단기 프로젝트로 계획된 활동은 학생들의 의지에 따라 지금도 지속되고 있다. 이렇듯 신실함 워크숍은 선정된 주제에 따라 학생들의 성품을 깊이 있게 다루기도 하며 때로는 다른 교육 과정과 어우러져 혁신적인 변화를 유도하기도 한다.

환경에 대한 신실함으로부터 시작된 프로젝트

이야기학교는 지난 11년 동안 회복적 정의 문화를 만들기 위해 부단히 노력해 왔다. 그리고 2021년 환경을 주제로 한 신실함의 워크숍과 맞물려 사회 참여와 환경적 삶을 일상화하기 위한 교육에 방향을 맞추었다. 매주 수요일 '기독교 환경 교육 센터 살림'과 함께하는 숲 체험 수업을 통해 생태 감수성을 기르고 있으며, 학교 자율의 활동을 통해 환경과 관련된 교육과 프로젝트를 진행하고 있다.

이러한 우리의 환경과 관련된 교육 활동이 삶 속에서 좀 더 일상화되고 확장될 수 있도록 '아름다운 세상을 꿈꾸는 글로벌 소셜 라이프 허그인'앱과 함께 환경 프로젝트를 시작하게 되었다. '혼자서는 할 수 없지만, 함께하면 세상을 바꿀 수 있다.'라는 '허그인'의 슬로건처럼 이야기학교는 '세상을 바꾸는 활동'에 참여하여 좋은 문화를 만들어 가고자 노력하고 있다. 이야기학교와 '허그인'이 함께하는 활동은 크게 6가지 테마로 분류되어 있는데, 그중에서 한 가지 활동을 제외한 나머지 5가지 활동이 환경과 관련될 정도로 환경 프로젝트의 비중은 매우 크다.

	테마	내용
첫째	그린 라이프 스페셜	일상 속 친환경 습관 기르기 - 플로깅 (조깅을 하면서 동시에 쓰레기를 줍는 운동)
둘째	숲체험 스페셜	서울의 자연 속에서 생태 감수성 기르기 - 플로깅
셋째	반려식물 스페셜	집씨통으로 동물이 행복한 숲 만들기
넷째	서울 환경 연합 스페셜	플라스틱 방앗간 방문하기
다섯째	그린 플레이스 스페셜	제로 웨이스트숍 방문하기

첫 번째 테마인 '그린 라이프 스페셜'은 일상 속 친환경 습관을 기르기 위한 플로깅 관련 미션들이 포함되어 있다. '학교에서 플로깅', '캠핑장에서 플로깅' 총 두 가지가 있다. '학교에서 플로깅'은 좁게는 교내에서부터 시작하여 넓게는 숲 체험, 문화 활동, 샬롬 농사 등 외부 활동까지 광범위하게 진행되고 있다. 이야기학교 학생들은 이번 학기에는 성북천과 경기도 의정부에 있는 논밭에 가서 플로깅을 하였다. 다양한 캠프를 진행하는 학교 특성에 맞춰 '캠핑장에서 플로깅' 활동도 이루어졌다.

다음 테마는 '숲 체험 스페셜'이다. 이 테마는 서울의 자연 속에서 생태 감수성을 기르기 위한 활동으로 '숲에서 플로깅' 미션이 담겨 있다. 성북 생태 공원과 낙산 공원 등 서울 내에 있는 다양한 숲에서 플로깅을 함께 진행하였다.

세 번째 테마는 '반려 식물 스페셜'이다. 이 테마는 위에서 언급한 '기독교 환경 교육 센터 살림'과 '노을 공원 시민 모임'이 주관한 숲 만들기 환경 프로젝트이다. 집씨통은 집에서 씨앗을 키우는 통나무로 비닐 테이프, 뽁뽁이, 플라스틱 제품, 사기그릇 등 쓰레기를 최소화하기 위해 만들어졌다. '노을 공원 시민 모임'에서 말하는 '집씨통 이야기'는 코로나 19 상황에 대응하여 시작된 비대면 숲 만들기 프로젝트이다. '동물이 숲에서 행복하면 사람도 안전하다.'라는 마음으로 시작된 이 프로젝트가 이야기학교에도 전파되어 함께 참여하게 되었고, '허그인' 앱을 통해 아이들의 활동이 공유되었다. 아이들은 흙과 도토리 씨앗이 포함된 집씨통을 받아 각 가정에서 100일 정도 정성껏 키웠다. 그리고 다시 정성스럽게 포장해서 숲에 심을 수 있도록 기관에 전달하였다. 아이에게 집씨통 프로젝트는 반려 식물을 직접 길러 보고 숲을 조성하는 일에 동참하면서 환경 개선과 보호의 필요성을 느낄 수 있는 좋은 계기가 되었다.

네 번째는 '서울 환경 연합 스페셜'이다. 이 테마에는 '플라스틱 방앗간'이라는 미션이 있다. 플라스틱 방앗간은 서울시에서 플라스틱 쓰레기 중 PP, LDPE, HDPE를 활용하여 분쇄와 수축 과정을 거쳐 새로운 제품을 만드는 프로젝트를 진행하기 위해 만든 곳이다. 이야기학교는 이전부터 플라스틱 방앗간을 방문해 왔다. 아이들은 모아진 플라스틱을 분류하고 분쇄기에 넣어 분쇄한 뒤, 분쇄된 플라스틱을 수축기의 몰드에 넣어 '치약 짜개'로 재탄생시키는 작업을 했다. 이론으로 배우는 것보다 실제로 플라스틱이 새로운 제품으로 만들어지는 과정을 눈앞에서 본 아이들은 플라스틱을 재활용하기 위해서는 깨끗하게 종류별로 배출되어야 한다는 사실을 알게 되었고, 쓰레기 문제가 실제적으로 더 크게 와닿았다고 나누었다. 이 활동을 통해 아이들이 현장에서 보고 배운 것들이 삶에서의 변화로 연결되는 계기가 되었다.

마지막은 '그린 플레이스 스페셜'이다. 그린 플레이스란, 친환경 라이프 스타일 가게를 말하며, 이런 가게에서의 건전한 소비를 권장하는 미션이 담겨진 테마이다. 사회 수업의 프로젝트, '서울 환경 운동 연합'과 연계된 활동으로 친환경 제품을 판매하는 가게를 방문했다. 먼저 사회 프로젝트로 아이들은 '청소년 환경 운동가로서 환경 문제를 우리 주변에서부터 어떻게 해결할 수 있을까?'라는 질문에 대한 답으로 제로 웨이스트숍을 방문하였다. 집에서 말린 우유 팩과 작은 병뚜껑을 가져왔고, 물건을 담기 위해 빈 통도 가지고 왔었다. 그곳에서 앞으로 프로젝트를 진행하기 위한 아이디어를 내기도 하였다. 몇 달 후, 이번에는 서울 환경 운동 연합과 함께 '플라스틱 이슈와 플라스틱 프리 실천하기'라는 주제로 활동하기 위해 아이들은 또 다른 제로 웨이스트숍을 방문하기도 했다. 아이들은 플라스틱 문제가 무엇인지, 환경을 생각하는 제품과 기업에는 무엇이 있는지를 배우는 시간을 갖기도 하였다. 제로 웨이스트숍 방문을 통해 아이들은 평소에도 환경을 생각하며 귀찮더라도 플라스틱 사용을 줄이겠다는 다짐을 하였다.

또한 환경과 관련된 사회 프로젝트에서 아이들은 자원 순환을 위해 벼룩시장을 열면 좋겠다는 의견을 내었다. 아이들은 선생님과 친구들에게 안 쓰는 물건을 기부받고, 기부받은 물건들을 판매하였다. 벼룩시장을 통해 얻은 수익금은 환경과 관련한 단체에 기부하였다.

지구의 날을 기념하여 '우유 팩 모으기' 프로젝트도 진행하였다. 아이들은 자원을 순환하는 방안을 모색하던 중, 우유 팩을 모아 주민 센터에 가져가면 휴지로 교환해 준다는 정보를 알아내었고, 우유 팩을 모아 받은 화장지를 학교에서 공용으로 사용하겠다는 마음과 생각을 모았다. 아이들의 마음과 생각이 전체 학생들에게 전달이 되었고, 부모들도 동참하여 가정에서 깨끗하게 씻은 우유 팩을 보내 주었다. 학교 급식으로 나온 우유 팩도 잘 씻어서 말려 놓았다. 이렇게 모아진 크고 작은 우유 팩을 성북동 주민 센터에 전달하였으며, 화장지와 교환할 수 있었다. 지금도 이 일이 지속될 수 있도록 노력하는 학생들이 있다.

마지막으로 우리가 자주 사용하는 휴지와 물티슈 대신, 빨아서 재사용할 수 있고, 낡아서 버려도 자연으로 돌아갈 수 있는 손수건을 사용하자는 프로젝트가 있다. 앞에 언급된 벼룩시장 프로젝트와 연계하여 판매 일정을 정하고, 사전 예약을 받아 낭비되는 손수건이 없도록 하였다. 이 프로젝트를 통해 학교에서 낭비되는 휴지와 물티슈를 많이 절약할 수 있었다.

한편 서울 환경 운동 연합과는 함께 '꽁실꽁실(담배꽁초의 실태 + 꽁초가 싫어요)' 프로젝트를 진행하여 연남동 경의선 숲길 공원 근처에서 담배꽁초와 쓰레기 문제와 관련된 캠페인을 했었다. 아이들은 주워 온 쓰레기를 활용하여 문구를 만드는 퍼포먼스도 했었고, 담배와도 거리를 두자는 '노담(No 담배)' 광고와 학교 폭력 예방 문구를 패러디한 '담배 멈춰!'를 만들어 보이기도 하였다.

이처럼 이야기학교는 생태 감수성을 기르고 환경적 삶을 일상화하기 위한 노력을 부단히 하고 있다. 다양한 기관과 연계하여 환경 프로젝트를 진행하기도 하지만, 사회 프로젝트를 통해 아이들이 기획하고 실행하는 자체적인 환경 프로젝트도 진행되고 있다. 아이들은 이론적으로 배우는 것이 아니라 실제 삶 속에서 경험하며 환경 문제의 심각성을 배우고, 현실적인 개선 방안을 모색하며 실천하고 있다. 이런 활동에는 신실함의 워크숍 활동을 통한 SMART한 교육 원리가 모두 담겨 있다. '우리는 환경에 대하여 어떻게 신실할 수 있을까?'라는 질문에, 청지기로서 우리의 역할을 확인하고 수행해 나가고 있다.

③ 평화 : 더 밝은 사회를 위한 삶

| 장한섭 |

"평화 수업이 이야기학교 모든 것의 절반 이상인 것 같아요."

졸업생 중에 한 아이가 말했다. 평화 수업의 중요성과 영향력이 크다는 것을 이렇게 표현한 것이다.

교육은 삶을 위한 것이다. 샬롬의 삶을 위한 가치를 교육하는 것이 평화 수업이다. 평화 수업은 개인의 내적인 평화(샬롬)부터 가정, 사회까지 아우르는 평화의 가치를 갖도록 돕는다. 이것은 이야기학교의 '평화를 누리고 만들어가는 공동체적 교육'의 철학을 다루는 수업이기도 하다.

문화, 샬롬의 의식을 형성한다

이 때문에 평화 수업은 다음과 같은 방향성을 가지고 있다. ① 샬롬은 학교 전체의 문화, 분위기 속에서 익힌다. ② 샬롬의 가치는 회복적 생활 교육의 기반이 된다. ③ 회복적 정의 관점은 회복적 교육 공동체를 형성한다. ④ 교사는 배움의 공동체와 삶의 만남을 중요하게 여긴다. ⑤ 학생은 자치회를 통해 학교 운영에 참여한다. ⑥ 학생은 조율하고 타협하고 경청하는 일상적인 삶을 경험한다. ⑦ 부모는 학교의 교육에 협력하며 샬롬의 문화를 함께 창출한다. ⑧ 졸업생들은 커뮤니티를 형성하여 삶의 가치를 유지하고 자신의 경험과 재능으로 후배들을 섬긴다. ⑨ 학교는 지역 사회와 네트워크를 형성하여 확장된 교육 공동체를 실현한다. ⑩ 샬롬의 의식을 관계, 진로, 그리고 생명-생태적 삶까지 확장해 나간다.

이야기학교는 궁극적으로 아이들이 '샬롬의 의식'을 갖춘 사람이 되기를 바란다. 그것은 기독교 가치로 이 사회를 이해하고, 자기 삶을 살아갈 가치관을 형성하는 것을 의미한다. 샬롬의 의식을 갖는 것은 복합적인 과정을 거쳐 형성된다. 한 사람이 속한 사회에서 성장하는 과정과 그 안에서 만나는 어른들의 이야기들 속에서 도덕적, 윤리적, 신앙적 가치관이 형성되기 때문이다. 가치관은 눈에 드러나는 수업 형식보다 보이지 않는 요소들로 인해 무의식적으로 가치관이 형성된다. 그러기에 이야기학교는 학교 문화와 분위기를 형성하는 것에 가장 많은 교육적인 노력을 기울이고 있다. 우선 삶 속에서 접촉되는 모든 것에서의 교육을 중요하게 여긴다. 그리고 실제적인 수업들을 통해 그 내용이 아이들에게 전달되기를 바란다.

토론, 상호 작용을 통해 가치를 형성한다

"디베이트, 조금 더 잘할 수 있었는데 아쉬워요. 하지만 팀으로 토론한다는 것이 무척 재미있어요."

평화적 관점으로 사회를 이해하기 위해서 아이들은 신문 읽기와 평화 사설 쓰기를 매주 과제로 한다. 신문은 현재의 지식을 담고 있고, 사회의 주요 이슈를 다루고 있어 삶을 위한 교육에 매우 유용하다. 청소년기부터 삶의 문제에 직접 접촉하는 것은 성인기의 삶 이전에 주체적인 의식을 가질 수 있게 한다. 실제 수업 시간에는 주제와 관련된 영상을 보거나 글을 읽고, 모둠별로 토론하고 발표하는 형식을 취한다. 교사가 설명하는 것도 간혹 있지만 많은 시간 동안 스스로 생각하고 이야기하고, 다른 사람의 의견을 듣는다. 특히 평화 수업은 8~10학년, 혹은 7~10학년 통합 수업이기에 선후배 사이에 배움이 일어나는 역동성을 경험할 수 있다.

1학기에는 디베이트(debate)를 통해 연구하고 발표하고 경청하며, 다른 입장에 서 보는 훈련을 한다. 디베이트는 아이들에게 독특한 경

힘을 안겨 준다. 내가 가진 입장이 아닌 다른 입장에서 주장해야 하는 경험은 시야를 확장시켜 주고, 다른 사람의 의견에 공감할 수 있는 힘을 길러 준다. 팀원들이 함께 조사하고 역할을 맡아 진행해야 하는 지식 팀 스포츠에서 오는 강렬한 팀워크가 있다.

가치를 글쓰기 하다

"연구 주제를 정하고, 설문 조사를 하여 정리하는 과정이 무척 어렵지만, 완성했을 때 무엇인가 이루어냈다는 뿌듯함이 있어요."

11학년은 1년 동안 샬롬 튜토리얼 수업을 한다. 샬롬 튜토리얼은 학생 개인이 정한 주제를 찾아 연구하여 글을 작성하고 발표하는 형식으로 진행한다. 먼저 한 학기 동안 연구 주제 정하기, 사고하기, 정리하기, 발표하기 등의 수업을 하며 튜토리얼의 방향을 이해한다. 다음 학기에는 10쪽 이상의 연구 보고서를 작성한다. 이 과정은 주제를 정하고, 자료를 찾고, 논리적인 구성을 하고, 글을 작성하고, 자기의 견해를 담아내는 배움의 과정을 직접 익히도록 도와준다. 나아가 최종 보고서를 교사와 부모, 그리고 학생들 앞에서 발표함으로써 비평의 무대에 서보는 경험을 한다. 배움의 과정을 익히는 '연구력'은 미래 교육의 핵심 중 하나이다. 직접 부딪혀 보는 것이 가장 좋은 배움이다.

샬롬 튜토리얼을 하기 위해 초등 과정에서는 책을 많이 읽게 한다.

역사, 과학, 사회, 고전, 자유 독서 시간을 학기마다 정하여 다양한 분야의 책을 읽도록 한다. 또한 책을 읽고 이야기하는 방식의 로이 독서를 국어 교육으로 한다. 중등 교육 과정에서는 독서, 교과목에서의 에세이 과제가 주어진다. 9~10학년은 논리 수업을 하며 논리적 사고하기와 글쓰기를 연습한다. 10~12학년은 역사 특강을 통해 1차 사료를 어떻게 해석하는가를 배운다. 초등부터 중등까지 이야기학교는 자신의 생각을 말하는 문화가 일상화되어 있다. 이 모든 과정이 하나하나 축적되어 11학년 때에 개인 연구 보고서를 작성하는 완성 단계를 해낼 수 있는 것이다.

샬롬 튜토리얼 주제를 '사례를 중심으로 한 SDGs 8번과 사회적 경제의 연관성 연구', '연구 목적에서의 화성 거주', '등교 거리, 성별, 학년이 이야기학교 학생들의 등교 시간에 주는 영향의 유무' 등이 있다. 연구 주제는 학생들이 직접 선정하며 주로 진로와 관계된 특성이 강하다. 주제 속에는 샬롬의 삶을 위한 고민도 담겨 있다.

평화 수업, 그 자체에 실천과 가치가 포함되어 있다

평화 수업의 실제적인 교육 과정은 7학년 1학기와 11학년 샬롬 튜토리얼을 제외하고 학년 통합 과정으로 진행하고 있다. 학년 통합 과정을 통해 선후배 사이에 배움이 전수된다. 선배의 고찰이 후배에게 배움이 되고, 후배의 질문이 선배에게 정리할 기회를 준다.

7학년 1학기에는 이야기학교 교육에 관해 전반적으로 설명하는 수업을 한다. 중등 과정에 입학한 아이가 이야기학교의 교육 철학과 교육 과정, 평가가 어떤 이유에서 만들어졌고, 어떻게 구성되어있는지 알 수 있도록 하는 것이 존중이라 생각한다. 교사만이 교육의 주체가 아니라 학생도 주체이기 때문이다.

이처럼 평화 수업은 평화 수업의 내용 뿐만 아니라 학교의 문화속에서도 배울 수 있다. 회복적 정의 관점이 수업의 방식과 이유까지 영향을 미쳤고, 생활 교육은 이야기학교의 가치와 문화로 정착되어 있다. 건강한 관계에서 개인의 내적 안정을 얻을 수 있다. 타인과 함께 살아가는 방식을 배우고 만들어 갈 수 있다. 개인의 삶만이 아니라 사회를 밝게 하기 위해 참여하는 커뮤니티 기반 교육으로 지역 사회 기관들에서 자원 활동과 프로젝트를 진행한다. 배움은 실제 삶의 실천으로 연결되어야 한다. 그것이 진짜 앎에 도달하는 것이다.

주제, 다양한 삶을 다룬다

"평화 수업에서 다루는 주제들이 흥미롭고 재미있어요. 직접적으로 삶에 적용할 수 있는 내용들이니까요."

아이들은 어른들이 생각하는 것보다 삶의 직접적인 내용을 알고 싶어 하며 깊은 관심이 있다. 바로 그러한 주제를 평화 수업에서 다룬다.

이야기학교에서 이루어지는 평화 수업의 내용은 아래와 같다.

① 이야기학교 교육 철학 : 7학년 1학기에 배우는 과정이다. 이야기학교의 '평화를 누리고 만들어가는 공동체적 교육'에 대해 이해한다. 그리고 기독교적 관점의 '샬롬의 세상'을 생각하도록 한다.

② 청소년의 자기 이해 : 이야기학교 교육 철학에서 '자기 자신과의 샬롬(평화)'을 다룬다. 청소년기 주요한 특징을 설명함으로써 자기 자신에 관한 이해를 높인다. 청소년기의 주요 과제인 자아 정체성 확립을 할 수 있도록 돕고, 부모와 안정된 관계를 갖는 것의 중요성을 알게 한다.

③ 갈등 조정 : 이야기학교 교육 철학중에서 '사회(인류)와의 관계'를 다룬다. 갈등을 이해하고, 실제로 갈등을 해결하는 방법을 이론 학습과 연습을 통해 습득한다. 이야기학교 생활에서 자연스럽게 체득한 대화 방식을 이론적으로 탄탄하게 이해한다. 평화적인 관계를 만들기 위한 구체적인 방법을 체득한다. 그것이 다른 사람과 함께 살아가는 새로운 방식임을 알고, 사회적인 변화까지 끌어낼 수 있음을 생각한다.

④ 사회적 이슈와 정당 정치 : 이야기학교 교육 철학 중에서 '사회(인류)와의 관계'를 다룬다. 시민사회와 정치에서 일어나는 실제적인 사건을 다룬다. 사회에서 논쟁이 큰 주제를 조사하여 발표하고 토론한다. 대한민국 정당 정책을 학생이 직접 탐구하고 발표하며 자신의 정치적 입장을 세워보기도 한다.

⑤ 청지기적 삶 : CRC의 허락을 받아 지역 사회를 변화시킨 성인 교육 프로그램을 학생 수준에 맞도록 변환시킨 과정이다. 하나님께서 주

신 선물(은사)이 무엇이고, 그것을 어떻게 삶에 적용해나갈 것인지를 EC 교육 방법을 통해 하나씩 생각하고 정리해 나간다.

⑥ 삶과 죽음 : 샬롬의 삶을 살아가는 사람이 되기 위하여 탄생부터 죽음을 받아들이는 과정까지 생각해보며, 삶의 의미가 어떤 것인지, 다양한 삶과 죽음의 관점을 살펴보고 기독교적 가치로 살아가는 삶이 어떠한 것인지 정리해 본다.

⑦ 정의란 무엇인가? : 샬롬의 요소인 '정의란 무엇인가?'에 대해 이해한다. 정의의 개념에 따라 사회에서 어떠한 선택과 행동을 할 것인지를 생각해 본다. ※참고 도서 : 팀 켈러의『정의란 무엇인가?』, 하워드 제어의『회복적 정의』, 마이클 샌더스의『정의란 무엇인가?』

⑧ 행동하는 기독교 : 이야기학교 교육 철학 중에서 '사회(인류)와의 관계'를 다룬다. 사회의 다양한 영역(기업, 정치, 교육, 문화, 예술, 스포츠, 과학 등)에서 일어나는 문제점과 평화를 이루기 위한 방법을 찾아보고 생각을 정리한다. ※주요 도서 : 미로스라브 볼프-라이언 매커널리 린츠의『행동하는 기독교』, 김삼웅의『장준하 평전』, 김형수의『문익환 평전』

⑨ 동아시아 역사와 남북의 관계 : 남과 북의 평화에 대한 시각을 정리하고, 나아가 동북아의 정치 지형에서 평화를 도모할 수 있는 방법을 생각해 본다.

⑩ 결혼과 가정 : 기독교적 가치에 기반한 가정이 무엇인지 이해하고, 결혼과 데이트를 '성경적 가정을 만들기 위한 방향'으로 이해하고 실천

하도록 돕는 과정이다.

⑪ **샬롬 튜토리얼** : 옥스퍼드에서 활용하고 있는 튜토리얼을 바탕으로 생각하는 과정에 대해 이해하며, 자기 관심사에 대한 주제를 샬롬의 관점으로 해석하는 기초를 다지는 과정이다. 자기 자신의 관심 주제를 연구하여 샬롬의 관점으로 정리하는 에세이를 작성하되, 지도 교사의 도움을 받아 튜토리얼을 진행한다.

개인에서 사회로 가치를 확장해 가다

2019년 이야기학교 10주년 진단 연구에서 연구자가 한 말을 떠올린다. "이야기학교의 교육 철학이 '관계의 회복'에 머물러 있는 것 같다. 더 확장되어 가기를 바란다." 그 이후 2년이 지나고 있다. 이야기학교는 그동안 지역 사회 기관들과 협력하는 프로젝트를 계속 강화해 왔다. 그리고 2021년 들어서 '자연과 더불어 살아가는 삶'을 위해 다양한 시도를 하고 있다. 평화는 개인, 타인과 관계, 사회 정의를 넘어 생태 환경까지 이어져야 한다. 그 의식이 이야기학교 구성원 모두에게 생기기를 바란다. 그 가치가 문화화되어 이야기학교에서 생활하는 모든 아이들 속에 자연스럽게 '평화 감수성', '생태 감수성'이 풍성해지기를 바란다.

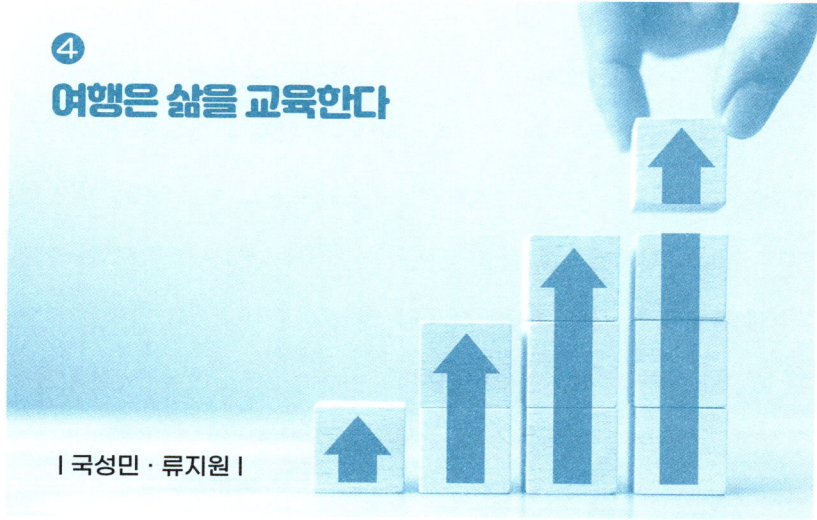

❹ 여행은 삶을 교육한다

| 국성민 · 류지원 |

　이야기학교 교사로서 자전거 여행 캠프를 처음 가게 되던 날이었다. 첫날 저녁에 잠잘 곳을 정하고 텐트와 천막을 학생들과 펴는 일을 하였다. 밤이 깊어지고 잠잘 때가 되어 텐트에 피곤한 몸을 누이는데, 비바람이 거세게 몰아치며 열심히 세워둔 천막이 찢어지고 무너지려고 하는 상황이었다. 한밤중에 학생들과 선생님들은 잠도 못 자고 천막이 무너진 부분을 열심히 보수한 끝에 잠을 잘 수 있었다. 첫날부터 힘들고 어려운 캠프의 시작이었지만 학생들은 그때를 회상하며 선생님, 친구들과 모두 함께 힘을 합쳐 난관을 헤쳐 나가는 귀한 경험을 할 수 있던 시간이었다고 말한다.

　이야기학교의 대표적인 교육 과정 중 하나를 손꼽으라고 한다면 단연 여행 캠프가 아닐까 싶다. 그만큼 여행 캠프는 이야기학교가 추구하는 교육 목표와 철학이 잘 담겨 있다. 여행은 삶을 돌아보고, 새로운 문화와 낯선 환경을 접하고 알지 못하는 사람들을 만나는 빈 시간의 경험이다. 캠프는 낭만적이기도 한 단어이지만 모험을 담고 있다. 일부러 고생을 선택함으로 삶을 단련하는 기회를 얻는다. 바로 이 '여행'과 '캠프'를 합친 것이 이야기학교의 '여행 캠프'이다. 그 안에는 자연, 빈 공간과 시간, 성찰, 자기 이해, 더불어 사는 삶, 모험의 도전을 통한 성장이 있다. 여행 캠프를 통해 학생들은 수업 시간에 배울 수 없는 다양한 경험과 활동을 하게 된다. 자연이 주는 아름다움을 느끼고, 그 지역의 어른들을 만나고, 집을 떠나 다른 사람들과 살아가는 법과 공동체 속에서 사람들과 관계를 맺어가는 법을 배우고, 자신에게 주어지는 일들과 스스로 해야 할 일들에 대한 책임감을 기르는 등 학생들의 전인적 성장을 기대할 수 있다.

이야기학교는 1년에 7차례 이상의 여행 캠프가 있다. 중등의 자전거 여행 캠프, 가족이 함께하는 캠프, 그리고 11학년의 유럽 여행 캠프(수업)까지 있다. 초등 1학년부터 12학년까지 모든 여행 캠프를 다닌다면 80여 회 이상 100여 곳의 도시를 여행한다. 이것이 얼마나 많은 경험을 주겠는가? 이야기학교 교육에서 '창문 만들기'를 가장 잘 보여주는 수업이 바로 여행 캠프이다. 아이들은 각자 자기 창문을 열고 자기 세상을 만들어 갈 것이다. 여행 캠프는 삶을 배우는 가장 강력한 시간이다. 그리고 세상을 넓게 경험하고 바라보게 되는 기회가 된다.

아이들이 만들어가는 초등 여행 캠프

초등 여행 캠프는 초등 친구들이 가장 좋아하는 캠프이다. 더운 여름이 오기 전 따뜻한 봄 햇살을 맞으며 초등 교사와 학생, 공동체가 함께 초등 여행 캠프를 떠난다. 초등 여행 캠프는 아이들이 하고 싶은 일들을 회의를 통해 의견을 제시하고, 투표를 통해 공동체 활동들을 결정한다. 여행 캠프의 모든 과정은 아이들이 주도해 간다. 5~6학년들이 조장으로서 모임을 이끌어가고, 부서별로 담당을 맡아 캠프 프로그램을 진행한다. 어설프기도 하지만 직접 계획하고 실행하며 일을 처리해내는 방법과 팀원들과 함께 일하는 방법을 배워 간다. 무엇보다 아이들이 만들어 가는 여행 캠프이기에 만족도와 성취감이 엄청나다. 식사 또한 조별로 다른 사람들을 섬기는 작은 협력 프로젝트이다. 고학년들만 요리를 담당하기보다는 저학년들도 모두 그 시간에 참여할 수 있도록 역할을 맡긴다. 혼자서 하는 것이 편안한 것을 알지만 함께 하는 즐거움을 느낄 수 있도록 마음을 쓰며 따뜻한 리더십을 배워간다.

아이들은 야외 활동을 통해 자연을 바라보며 아름다움을 느낀다. 자연 속에서 마음껏 뛰어놀며 서로 어울린다. 자연에서 스스로 배움이 일어날 수 있도록 제공하고자 함이다. 이뿐만 아니라 초등 여행 캠프를 통해 아이들은 서로를 더욱 알아가고, 공동체 활동을 통해 함께 하는 활동을 경험한다. 하루를 마무리하며, 조별로, 반별로, 초등 전체가 나눔을 한다. 그때 아이들은 캠프를 통해 서로 새롭게 알게 된 모습들, 멋진 모습들을 나눈다. 또한 평소 터놓고 하지 못했던 이야기를 나누기도 하고, 자신을 돌아보는 시간을 가지기도 한다. 진솔한 대화 속에서 앞으로 남은 학기를 어떠한 마음, 자세로 살아갈지 자연스레 생각하게 된다. 새로운 공간에서, 새로운 활동을 하며 서로 긴밀하게 친해진다. 한 학년만 어울리는 것이 아니라, 초등 1~6학년 모두가 어울리는 이야기학교의 특성이 가장 빛나는 캠프이다.

여행 캠프 기간 동안 집을 떠나 생활하면서 아이들은 부쩍 큰다. 또한 경험 하나하나가 소중한 초등 아이들에게 평소 보고 듣지 못한 기회를 열어 준다.

한 학기를 함께 시작하는 개강 여행 캠프

새 학년, 첫 학기 설레는 마음을 가득 안고 떠나는 여행이 있다. 바로 개강 여행 캠프다. 이야기학교 친구들은 일 년에 두 차례, 각 학기를 시작하기 전 새 학기를 계획하고 한 해를 기대하며 다짐하는 시간을 갖는 시간을 가진다. 교사와 학생 모두 이번 학기를 힘차게 시작하며 함께 이야기학교의 문화를 잘 만들어 보자는 의지를 다지고자 여행을 떠난다. 하나님이 만들어 주신 자연 속에서 아름다움을 누리며 자신을 돌아보고 스스로 마음가짐을 정돈하려는 목적도 있다.

1학년부터 12학년까지 어우러져 한 조를 이루어 모든 시간 동안 함께 한다. 그 과정 가운데 서로를 돌보아 주며 자연스레 공동체 의식을 연습해 간다. 고학년들은 특별히 어린 동생들이 아픈 곳은 없는지, 잘 어우러지고 있는지를 살피며 형님 노릇을 톡톡히 한다. 이 속에서 진정한 하나 됨이 구현된다. 아이들의 관계성과 함께함의 의식은 여행 캠프를 통해 더욱 성장해 간다.

캠프 활동에서 나누는 시간은 굉장히 중요하다. 과정별로 한데 모여 앉아 행복한 이야기를 나눈다. 지난 학기에 우리 공동체에 어떤 일이 있었는지, 그로 인해 무슨 생각이 들었고 무엇을 깨달았는지를 나누다 보면 이번 학기에 어떻게 살아야 할지에 대한 방향성이 공동체 안에 제시된다. 하나의 질문에 대해 한 명도 빼놓지 않고 나눔을 하다 보면 어느새 관계, 학습, 문화를 모두 다루고 있다는 걸 발견한다. 그렇게 우리는 캠프를 통해 서로에 대해 알아 가고, 이야기학교를 생각하며 문화를 만들어 간다.

한 학기를 함께 마무리하는 종강 여행 캠프

종강 여행 캠프는 한 학기를 마무리하며 정리하는 시간을 가지는 데에 가장 큰 의의가 있다. 따라서 1학기와 2학기 두 차례 여행을 떠난다. 이 캠프의 목적은 함께 생활하면서 만큼 서로를 배려하고 존중하는 문화를 자유로이 만들어 가는 것과 여행 캠프를 떠난 지역 일대를 오감으로 경험하며 한 학기를 스스로 되돌아보고 정리하는 시간으로 갖는 데에 있다.

열심히 배워 온 학기를 마무리하며 진정한 쉼을 가지는 데에 큰 목적이 있기에 자유로운 놀이가 많이 배치되어 있다. 그 공간 속에서 관계의 확장이 일어나길 기대한다. 아이들은 물놀이를 하기도, 축구를 하기도, 누워서 수다를 떨기도 한다. 빈 시간과 공간 속에서 도란도란 대화를 나누며 아이들은 서로를 알아 간다. 고민을 털어 놓고 상담해 주기도 하고, 일상을 나누기도 하며 관계성을 다져 간다.

조를 편성하여 떠나는 것에 익숙한 고학년들은 초등 저학년 아이들을 챙기는 일이 무척 자연스럽다. 식사할 때도, 물놀이를 하러 떠날 때도, 방에서 씻고 캠프 짐을 정리하고 확인하는 것까지 모두 고학년 선배들의 몫이다. 그 안에서 비공식적으로 일어나고 있는 배움은 머리로 익혀지기보다는 몸과 마음으로 자연스럽게 익혀진다. 선배들이 베풀어 주는 그 헌신과 책임감을 받은 동생들은 자신들 또한 동생들에게 그렇게 해 주어야 함을 고마움과 함께 배운다.

한계를 뛰어넘는 자전거 여행 캠프

벌써 10회를 맞이한 자전거 여행 캠프는 이야기학교의 여러 캠프 중에 가장 기간이 길고, 힘든 캠프이다. 자전거 여행 캠프 기간은 상황과 일정에 따라 조금씩 변동이 있기는 하지만 평균적으로 4월에 10박 11일의 캠프 일정으로 이루어져 있다. 자전거 여행 캠프가 주는 배움과 경험은 참 다양하다.

자전거 여행 캠프는 도전과 성취감, 어려운 상황에서도 참고 견디는 인내를 배우고, 계획한 목적지까지 누구 하나 포기하지 않고 함께 간다는 것에 큰 의미가 있다. 집을 떠나 긴 일정을 다른 사람들과 함께 살아간다는 것, 그 속에서 공동체가 무엇인지 배우고 책임감을 배우고 타인을 이해하는 법을 배운다. 또한 자연이 주는 아름다움을 느끼고 일상을 떠나 여행에 오롯이 집중하는 법을 배운다.

학생들은 오로지 자전거만으로 목적지를 향해 달려간다. 스스로 자전거 페달을 밟지 않으면 앞으로 나아갈 수 없다. 목적지를 다 함께 목표로 삼아 대열을 맞춰 자전거를 밟아 간다. 그 여정 속에서 뒤처지는 친구가 없는지 살펴봐 주고, 챙겨 주며 배려한다. 또한 예상치 못했던 문제가 발생했을 때 함께 힘을 합쳐 이겨 나가는 과정들을 통해 혼자가 아닌 다 함께 이루었을 때의 의미를 배워 간다.

도전 의식을 고취하는 산행 여행 캠프, 도보 여행 캠프

산행 여행 캠프는 도보 여행 캠프와 격년으로 1년에 한 번씩 간다. 우리나라에 있는 산을 하나 지정하여 조사하고 실제로 등산도 하며 산이 주는 아름다운 자연 경관을 느끼고 바라보는 여행이다. 반별 여행 캠프와 함께 3박 4일 일정으로 진행되며 첫 2박 3일은 과정별로 산행을 진행하고 그 후에 1박 2일은 반별 여행 캠프로 진행된다.

산행 여행 캠프가 주는 교육적 요소들은 매우 다양하다. 힘들고 어려운 등산을 통해 학생들의 도전 의식을 높이고, 힘든 과정을 통해서 정상에 올랐을 때 도전에 대한 성취감을 느낄 수 있다. 또한 등산을 하면서 나 혼자만의 여행이 아닌 친구, 선생님들과 어려움을 함께하며 서로를 배려하고 챙겨 주며 도와주는 등 공동체 의식을 높이고 함께하는 즐거움을 알아 간다.

산행 여행 캠프는 선배와 후배가 함께 준비하며, 후배가 모르는 부분은 가르쳐 주고 산행에 대한 비법도 알려 주는 등 처음부터 끝까지 모든 과정을 함께한다. 그렇게 모든 준비를 마치고 나면 본격적인 산행이 시작된다. 매일 정해진 목적지로 가는 과정에서 학생들은 저마다의 방법과 생각을 가지고 등산을 한다. 힘든 산행 속에서 서로 많은 얘기도 나누고, 관계도 쌓아가는 등 산행 캠프가 주는 교육적인 가치가 있다. 그리고 최종 목적지에 도달했을 때 누리는 즐거움과 기쁨은 함께 했을 때 더욱 배가 되어 돌아온다.

도보 여행 캠프 역시 10월쯤 맑고 청명한 가을 날씨속에 이루어진다. '도보 여행 캠프'라는 이름 그대로 시작 지점부터 목적 지점까지 자동차와 기차, 비행기, 버스와 같은 교통수단이 아닌 오직 자신의 두 다리로만 이동하는 힘들고 고된 캠프이다. 이 캠프를 통해서 아이들은 차를 타면서는 느낄 수 없는 자연의 아름다움과 경치를 마음껏 누린다. 또한 이야기학교 전교생이 함께하는 만큼, 서로를 도와주고 챙겨 주며 공동체성을 더욱 높이는 귀한 시간이다.

도보 여행 캠프를 하며 그 지역을 직접 눈으로 보고 탐방하며 오감으로 자연을 느낀다. 그리고 지역의 어른들을 만나 이야기를 들으며 역사나 문화에 대해 깊이 배울 수 있다. 교과서나 영상으로 마주할 수 없는 귀하고 소중한 교육적인 가치가 있는 시간이다.

다른 캠프와 마찬가지로 학생들은 1학년부터 12학년까지 조로 편성되어 식사를 준비하고 활동을 함께한다. 이 과정을 통해 후배들은 선배들의 섬김과 캠프의 경험을 보고 배울 수 있는 시간을 갖게 되고, 선배들은 후배들을 위한 배려, 인내와 희생을 경험한다. 그리고 저녁에는 과정별로 모여 함께 도보 여행 캠프에 대한 소감이나 경험 등을 나누고 서로의 마음과 생각을 이해하며 캠프 일정이 진행된다. 도보 여행 캠프는 힘들고 어려운 캠프이지만 이 과정을 통해 학생들은 한층 성장한다.

하나 되는 반별 여행 캠프

반별 여행 캠프는 산행&도보 여행 캠프와 함께 진행되는 캠프이다. 이 캠프를 통해 반별로 여행을 즐기며 학생들은 서로 관계를 돈독하게 맺어 가는 시간이 된다. 반별 여행 캠프는 온전히 반별 학생들이 회의를 통해 계획한 대로 진행이 되는 캠프이다. 서로 의견을 조율하며 주어진 일정을 모두가 즐겁게 지낼 수 있도록 양보하고 배려하며 함께 즐거운 시간을 만들어 가는 캠프이다.

다른 나라의 문화를 경험하는 유럽 여행 캠프

유럽 여행 캠프는 유럽 여러 국가를 여행하며 다른 나라의 삶을 직접 보고 경험하는 캠프이다. 유럽 여행을 가는 대상 학년은 11학년으로 보통 4월 중순에 출발하여 5월 첫 주까지 한 달간 진행이 된다. 유럽 여행 캠프는 숙소 예약부터 시작하여 일정 전체를 학생들이 전적으로 계획한다. 그렇기에 학생들에게 주어지는 하나의 큰 프로젝트 수업이 된다. 전체적으로 여행하는 국가 중에서 학생들이 각자 1개 국가 이상을 맡아서 가이드까지 모두 진행해야 한다. 전적으로 모든 책임을 해당 나라의 담당 학생이 지어야 하기 때문에 오랜 시간 사전 준비를 하면서 많은 자료 조사를 한다.

유럽이라는 먼 나라로 여행을 가기 때문에 1명의 교사가 동행하며 학생들의 안전을 책임진다. 학생들의 소식을 이야기학교 밴드를 통해 교사, 부모, 학생들에게 전하며 여행에서 느끼고 경험한 모든 것들을 함께 공유한다.

여행 캠프가 주는 기대와 낭만이 있지만, 한 편으로는 힘들고 어려운 부분도 함께 존재한다. 다른 사람을 돌보고 챙겨 주는 것, 의견이 맞지 않을 때 조절하는 것, 갈등이 생겼을 때 해결하기 위한 노력, 부모님이 지어 주신 따뜻한 식사와 집이 제공해 주는 편안한 잠자리가 아닌, 낯선 환경에서 다 함께 식사를 해결하고 잠을 자야 하는 등의 여러 불편한 요소들이 존재하지만, 그 속에서 또한 학생들은 함께 살아가는 법을 배우고 인내하는 법을 배운다. 또한 여행 캠프 과정을 통해 학생들은 자기 삶을 살아가는 법을 배운다. 지식에 경험이 더해지고, 혼자가 아닌 다 함께 살아가며, 새로운 상황마다 문제를 해결해 나가야 한다는 것을 몸으로 배우며 자신만의 이야기를 만들어 간다.

⑤ 프로젝트, 미래 역량 기르기

| 김은혜 |

선생님, 프로젝트를 왜 하나요?

사회 시간. 아이들은 몇 주간 진행되었던 프로젝트를 마무리하며 프로젝트 성찰지를 작성하고 있다. 프로젝트 성찰지에는 그동안 진행되었던 프로젝트에 임하는 자신의 모습을 돌아보고 피드백하기도 하고, 그동안 프로젝트를 같이 하면서 보았던 친구의 모습에 대해서 피드백을 하는 질문이 있다. 이뿐만 아니라 프로젝트 자체에 대해 돌아보며 선생님께 하고 싶은 말을 쓰기도 한다.

모두 제출한 성찰지를 살펴보다가 눈에 띄는 글을 보았다. '왜 이 주제를 하는지 설명해 주시면 좋을 것 같아요.' 프로젝트와 관련하여 선생님께 바라는 점에 대한 답이었다. 프로젝트를 마무리하는 마지막 시간이지만 우리가 이 프로젝트를 왜 했는지 다시 한번 설명을 했다. 왜 사회 시간에 이 프로젝트를 하는지, 학습 내용과 어떤 관련이 있는지, 그리고 이 프로젝트를 통해서 무엇을 배우기 원하는지 설명을 해 주었다. 질문했던 아이는 그제야 고개를 끄덕였다.

가장 중요한 것을 놓칠 뻔했던 순간이었다. 프로젝트 시작 시 설명을 했었지만, 아이에게 충분히 전달되지 않았던 것 같다. 그래도 마지막 시간에 다시 한번 강조할 수 있어서 다행이었다. 그리고 다음 프로젝트에는 프로젝트의 목적에 대해서 아이들에게 충분히 설명해야겠다는 다짐을 했다. 프로젝트를 왜 하는지는 학생들뿐만 아니라 교사도 늘 상기하고 있어야 한다. 그렇지 않으면 프로젝트를 통한 교육의 목적을 잊어버리고 작은 것에 함몰되기 때문이다.

삶을 위한 이야기학교의 프로젝트

이야기학교는 프로젝트가 많다. 교과목 프로젝트뿐만 아니라 학교의 다양한 교육 행사도 프로젝트로 진행되고 있다. 이야기학교는 프로젝트를 많이 할 뿐만 아니라 프로젝트의 핵심 요소를 적용한 것이 많다. 많은 부분을 프로젝트로 진행하는 이유는 프로젝트가 샬롬의 삶을 살아갈 수 있는 연습과 실천의 장이 되기 때문이다.

'역량 교육', '학습자 중심'

4차 산업 혁명, 사회 변화, 미래 교육을 이야기하면서 빼놓을 수 없는 키워드들이다. 이러한 교육을 실현하기 위해서 다양한 교육 방법들이 제시되는데, 그중 21세기 교육 역량을 위한 수업에 빠지지 않고 등장하는 것으로 PBL(Project Based Learning)이 있다. 일반 학교에서도 적극적으로 실천하고 있는 교육 방법 중 하나이다. 기독교 대안 학교들에서도 마찬가지이며 이야기학교도 프로젝트 기반 학습을 적용하여 실천하고 있다. 하지만 사회의 흐름을 따라가기 위한 교육 방법으로만 프로젝트 기반 학습을 선택하지는 않았다. 프로젝트를 통해 배우는 것이 가치를 실천할 수 있는 좋은 장이 되기 때문이다.

이야기학교는 샬롬을 누리고 만들어 가는 사람으로 살아가기 위한 교육 철학을 실현해 나가는 교육 과정 방법이자 교육 과정 운영과 방향으로 PBL을 접근하고 있다. 프로젝트의 탐구 질문들은 온 세계의 회복을 위한 일들을 고민하고 실천하게 한다. 또한 사회 참여적인 삶을 경험하게 하여, 이를 통해 건강한 세계관을 건립할 수 있게 한다. 사회의 문제를 인식하고 그것을 해결하는 사명을 받은 자들로서의 정체성을 더 깊게 인식할 수 있게 하고, 자신이 가진 지식과 기술을 어떻게 사용할지를 고민하고 실천할 수 있게 하는 과정을 경험하게 한다. 이러한 경험을 할 수 있도록 안내하는 교육 방법으로 프로젝트를 적용하여 학교 곳곳에서 사회를 회복하는 일에 직접적으로 참여할 수 있는 기회를 만든다.

"종이 팩을 모아서 재활용하면 좋을 것 같아요."

"저희가 재배한 감자를 판매할 때 비닐봉지 말고, 신문지를 활용해서 포장 가방을 만들어요."

"안 쓰는 물건을 기부받아서 벼룩시장을 열면 좋겠어요."

"부모님들과도 공유하는 캠페인을 하면 좋겠어요."

매년 진행되는 환경 프로젝트는 아이들이 청소년 환경 운동가로서 환경 문제를 우리 주변에서부터 어떻게 해결할 수 있을지를 고민하게 한다. 다양한 방법이 제시되며, 어떻게 실현할 수 있을지도 계획하고, 실제로 실천해 본다. 공동체에 영향을 줄 수 있는 방법들을 실천하는 과정에서 온 세계 회복의 당위성과 실천을 연습하게 된다. 프로젝트는 시민으로서 참여적인 삶을 경험해 볼 수 있기에, 사회 참여적인 프로젝트들을 다양하게 만들어 가고 있다.

프로젝트를 할 수 있는 기반이 되는 문화

PBL 모델은 다양한 요소들을 품고 있다. 모든 요소가 프로젝트 안에 담겨 있지만, 특히 이야기학교 프로젝트에서 중요하게 여기고 있는 것은 문화와 성품이다. 상호 존중을 바탕으로 한 배움의 문화와 협력의 과정 및 배움의 모든 영역에서 좋은 성품을 만들어 갈 수 있는 기회가 되기 때문이다.

다른 사람과 함께 일을 한다는 것은 좀처럼 쉬운 일이 아니라는 것을 프로젝트를 하는 동안 느끼게 된다. 프로젝트를 진행하면 갈등이 일어나기 마련이다. 조에서 친하지 않은 사람, 잘 맞지 않는 사람과의 갈등이 있다. 이러한 갈등을 대화를 통해 해결하며 의사소통 능력과 협력을 배운다. 서로의 이야기를 듣고, 대화를 통해 상호 존중하는 문화가 회복적 생활 교육을 통해 학교 안에 자리 잡아 있기 때문에 갈등의 상황을 해결하는 방법을 배우게 된다.

프로젝트를 마무리하는 시간에 어떤 것을 배웠는지 물어 보면 아이들은 협동을 배웠다고 대답한다. 역할 분배의 어려움도 느끼지만, 그 안에서 다른 이들과의 협력이 일을 진행함에 있어 많은 도움이 된다는 것을 느끼게 된다. 이러한 점은 프로젝트 기반 학습에서의 핵심 요소이며 미래 사회에서 필요한 역량인 협력과 의사소통 능력을 기른다.

프로젝트에서 성찰과 피드백은 매우 중요하다. 이를 통해 주체성을 가지고 배움의 과정에 임하고, 피드백을 통한 개정의 과정에서 성장을 경험할 수 있다.

"선생님, 피드백 언제 주실 거예요?"

아이들은 자신들이 해야 하는 결과물에 대해 피드백 받는 것을 당당히 요청한다. 이렇게 될 수 있는 것은 학교 안에 피드백 문화가 갖추어져 있기 때문이다. 따뜻한 피드백으로 격려하고, 차가운 피드백을 통해 다른 사람을 도와줄 수 있도록 하는 방식 또한 회복적 생활 교육과 더불어 곳곳에서 영향을 미치고 있다. 피드백을 통해 자기의 결과물을 더 성장시킬 수 있다는 것을 경험을 통해 잘 알기 때문에 마음을 열고 받아들인다. 피드백을 통한 성장은 단순히 프로젝트 결과물에 대한 질의 향상뿐만 아니라 자기 자신에 대한 성장까지 연결된다. 그러한 점은 이야기학교 평가에서도 드러난다.

프로젝트는 21세기 교육 역량인 협력, 의사소통 능력, 콘텐츠, 비판적 사고력, 창의적 혁신, 자신감에 효과적이라는 것은 그동안 많은 연구에서 확인되어 왔다. 이야기학교 안에서도 다양한 프로젝트를 통해서 역량이 개발됨을 볼 수 있다. 하지만 이러한 역량은 프로젝트 단독으로 개발되는 것은 아니다. 학교의 문화가 기반이 되고, 캠프와 지역사회 활동, 수업 등 다양한 교육 활동과 함께 개발되는 역량이다. 이야기학교 프로젝트에서 가장 중요한 것은 프로젝트를 프로젝트답게 할 수 있는 분위기와 문화이다. 프로젝트를 통해 경험하는 문화 자체가 샬롬의 삶을 살아가는 방법을 배우는 것이기도 하다.

PBL 모델

이야기학교의 프로젝트들

프로젝트를 떠올리면, 교과 내용을 더 잘 배울 수 있는 프로젝트를 떠올리곤 한다. 이야기학교에도 교과별, 교과 융합 프로젝트도 있지만, PBL의 원리(배움의 주체성, 피드백과 개정, 상호 존중의 배움의 문화와 협력, 이웃을 섬기기 위한 실천과 책임)를 적용하여 진행하는 프로젝트들이 많다.

교과목, 교과 융합 프로젝트

이야기학교는 일반 학교에 비해 기본 교과목 수업 시수가 상대적으로 적은 편이다. 이를 활용하여 교과 시간을 뛰어넘어 적용할 수 있는 프로젝트를 만들어냈다. 이미 진행되고 있는 다른 수업과 활동들을 교과와 연결하여 진행하는 것이다. 고학년이 저학년 동생들에게 직접 수업을 진행하기도 하는 프로젝트들을 통하여 공동체적인 가치를 실현하는 데에도 기여한다.

수요일 오후에 진행되는 역사 체험 활동을 교사가 주도하는 것에서 5학년 아이들이 진행하는 프로젝트로 전환했다. 현장을 방문하여 아이들이 직접 배운 내용을 설명하고, 초등 아이들이 활동할 수 있도록 책자를 만들어 내기도 했다.

부서별로 음식을 만들어서 서로 사고파는 경제 활동을 하는 '마을잔치'는 사회 교과에서 경제 용어를 배우는 좋은 프로젝트가 되고 있다. 기업의 운영과 수요, 공급을 몸으로 느끼고 적용할 수 있는 장이 되어 아이들이 배움을 내면화하도록 해 준다.

월요일마다 전교생과 모든 교사가 모이는 '어셈블리 시간'은 또 하나의 프로젝트가 된다. 매월 첫 주에 그 달의 역사적인 날들을 기억하고 돌아볼 수 있는 프로젝트를 진행하고 있다. 전교생과 함께 공유하는 프로젝트는 역사 수업 시간을 넘어서는 배움이 있다.

교과목 프로젝트는 여러 교과가 함께 진행하기도 한다. 이는 교사도 함께 협력하며 프로젝트의 원리를 경험하는 과정이 되기도 한다. 8학년 사회-국어 시간을 합쳐 인권 프로젝트, 모의 선거 프로젝트를 진행한다. 각 교과에서 필요한 영역들을 깊이 다룰 수 있으며, 실제적인 삶의 필요와 연결된다. 아이들은 교과가 융합될수록 이 교과들이 삶에 어떤 연결이 있는지를 발견하게 되고, 배움의 즐거움을 느끼게 된다.

교육 활동 프로젝트

이야기학교는 PBL을 교과목 수업 방식에서 확장하여 PBL의 요소들을 학교의 전체적인 교육 방법으로 적용하는 시도를 해 오고 있다. 이미 진행되고 있던 교육 활동을 프로젝트의 원리와 요소를 적용하는 것을 통해 학교의 교육 방법으로 정착시키고 있다. 이웃과 지역 사회를 돕기 위해 문제 해결 방법을 고민하고, 과정에서 협력, 피드백과 개정작업을 통한 결과물을 만들어 내도록 하여 PBL을 확장하여 적용하고 있다.

한 국가에 대해서 역사, 지리, 문화, 사회 문제 등을 한 주간 동안 집중적으로 배우는 '집중 수업 주간'이 있다. 이 기간에는 두 가지 큰 프로젝트가 진행된다. '말하기 대회'와 '요리 대회'이다. 3학년부터 12학년까지 반별로 주제를 선정하여 자료 조사, 발표 자료 구성, 대본 작성, 영어 대본 작성 등 역할을 분담하여 발표한다. 각자 잘하는 일을 맡아서 협력하여 발표를 진행한다. 이 과정에서 결과물만 평가하는 것이 아니라 협력의 과정도 평가한다. 담당 교사와 학생들은 2회의 피드백을 주어 더 나은 발표를 위해 돕는다. 아이들은 배울 국가에 대해서 스스로 자료를 찾고 구성하면서, 주제를 깊이 이해하고 자신의 말로 표현하며 지식을 내면화해 간다.

또 하나의 프로젝트는 요리 대회이다. 처음에는 요리의 유래를 교사가 알려 주고 아이들을 따라 만드는 요리 수업이었으나 요리 대회 프로젝트로 전환을 했다. 1학년부터 12학년까지 섞인 조를 편성하여 요리의 유래와 재료, 요리 방법을 조사한다. 재료를 나누고, 역할을 분담하여 요리를 만든다. 조원 모두에게 어떻게 일을 나누고, 어떻게 모두가 함께할지 고민한다. 요리를 다 만들고 요리의 유래에 대해 조사한 것을 발표한다. 교사는 안전의 문제가 없도록 옆에서 지켜보고, 조원 모두가 참석하도록 독려하는 역할을 한다. 요리 대회는 아이들의 주도성이 높은 프로젝트이다.

아이들은 자신이 관심 있는 분야의 동아리 활동을 주도적으로 계획한다. 초중등 모두 활동 계획서를 구체적으로 작성해야 동아리 활동을 할 수 있다. 동아리의 활동들을 주도적으로 기획하고, 결정하고, 진행하는 것을 통해서 즐거움과 책임감과 스스로 배움을 만들어 나간다. 이 과정을 통해서 창의적 문제 해결 능력과 의사소통 기술, 협업 능력을 배우고 재능을 개발한다. 동아리를 마치고 학기 말에는 동아리만의 결과물이 있어야 한다. 독서 동아리에서는 '책 속의 종로구'라는 책자를 만들어서 지역 도서관에 비치하고자 했다. 축구 동아리는 공동체적인 문화를 만들기 위해 교내 축구 대회를 진행하기도 했다. 초등 동아리에서는 요리 레시피 책자를 만들어서 전시하여 주도적으로 결과물을 만들어낸다. 이 과정에서 아이들을 창의성을 발휘하고, 동아리 구성원들과 협력하는 모습을 볼 수 있다. 이때에도 교사는 수시로 피드백을 해 준다. 그리고 매주 활동에 동아리 활동을 자체적으로 피드백하며 보완해 나간다.

이야기학교에서 진행되는 많은 여행 캠프도 프로젝트의 원리가 적용된다. 교사가 주도하고 이끌어가기보다 아이들이 주도해 간다. 개강, 종강, 도보, 산행, 자전거 여행 캠프 등 모든 캠프에는 여행 책자가 제작되는데, 아이들이 책자를 디자인하고 제작한다. 지역을 이해하기 위해 수업과 연결하여 지역의 환경, 명소, 특산물 등을 조사하여 발표하기도 한다. 반별여행 경로, 레크레이션과 프로그램도 아이들이 준비하고 진행한다.

11학년 유럽 여행 캠프 수업은 전체 과정을 학생이 주도하는 프로젝트이다. 4주간의 여행 일정과 방문지, 숙소 및 교통편 예약, 재정관리 등 계획과 실행을 담당 학생이 한다. 여행지와 관련된 내용을 사전에 배우고 책자를 제작하는 과정도 학생들의 영역이다. 현지에서 현지인들과 외국어로 소통을 하고, 부딪힌 문제를 해결하는 것도 아이들이 마주하는 프로젝트가 된다. 유럽 여행 캠프 수업을 다녀온 아이들은 큰 프로젝트를 해낸 자신감을 얻는다.

    10학년과 11학년은 학교 축제를 기획하고 진행하는 프로젝트를 진행한다. 주제를 선정하는 일부터, 전시장 책상 배치에 이르기까지 아이들은 전 과정에 주체성을 가지고 참여한다. 전년도의 축제를 돌아보며 개선할 점을 찾아 반영한다. 주제와 콘셉트를 정하는 데에만 한 학기가 소요되는 큰 프로젝트이다. 1년 동안 열심히 회의하고 일을 진행한다. 공연과 전시, 홍보 분야를 나누어 어떻게 할지를 정하는 과정에서 아이들의 치열한 의견 충돌이 있기도 하고 창의성을 발휘하는 것에 어려움을 겪는다. 영상 제작, 연극 대본 제작, 방송 큐시트 작성, 전시장 배치도 작성, 현수막 제작 등 아이들은 다양한 지식과 기술을 활용하는 과정에서 자신이 가진 재능들을 지혜롭게 사용하는 방법을 알아가며 상호 협력의 과정을 통해 성품이 다듬어져 간다. 축제를 마치고 아이들에게 프로젝트 과정에서 내가 배운 태도와 가치, 성품은 어떤 것인지 질문했다.

    "일을 하려고 하는 태도, 물어보는 태도"

    "이끄는 역할도 중요하고, 팀원으로 일할 때 따르는 것도 중요하다는 것"

    "다른 사람들에게 화내지 않는 것"

    "중요하지 않은 것은 없으니 항상 최선을 다하는 태도"

"수용하는 태도"

"이해하고 배려하는 태도"

"내가 혼자 일할 수 있지만, 같이 일하는 것도 능력이라는 것"

교육 활동들을 프로젝트로 진행하는 것은 미래 역량을 기르는 배움의 장을 만들어 주는 것이며, 주도적으로 학교의 교육 과정에 참여하여 민주적인 시민의 태도를 기르도록 하는 것이다.

지역 사회를 이해하고 지역 사회와 함께하는 프로젝트

7, 8, 9학년은 지역 사회를 알아가기 위해 스스로 정보를 찾고 정보를 구성하여 지역 사회를 알아가는 '지역 사회' 수업을 한 학기 동안 진행한다. 이는 지역 사회를 알고, 지역 사회를 섬기는 역할을 직접 수행하며, 지역 사회의 문제를 해결하기 위해 진행되는 프로젝트이다.

2019년 4월, 제주도 자전거 여행 캠프 때 제주도 교회의 현실을 듣고서, 그들을 도울 방법을 생각하고, 2학기 지역 사회 프로젝트를 진행했다. 제주도의 아이들이 서울을 방문했을 때 소개해 주고 싶은 우리 마을, 혜화동과 성북동의 아름다움을 찾고, 그것을 책자로 제작했다. 책자의 내용대로 여행을 직접 가이드하고 설명하기 위한 준비를 하였다. 또한 초청에 필요한 재정 확보를 위하여 손거울, 스티커 등을 제작하였다. 이러한 물건을 지역 사회에서 열리는 시장, 교회, 이야기 학교 가족 등 다양한 판매처를 확보하여 물건을 판매하였고, 수익금으로 제주도의 청소년들을 서울에 초청하여 혜화동의 아름다움을 설명하고, 여행을 함께 하는 시간을 가졌다.

또한 서울시의 학교 밖 청소년들에 대한 권리를 찾기 위하여 권리가 무엇인지 알아보고, 다른 국가와 시도의 정책들을 찾아보고, 서울시의 학교 밖 청소년들에게 필요한 정책을 제안하는 프로젝트를 진행하였다. 이러한 과정에서 교과목에서 배우는 인권, 정책 등과 같은 개념들이 자신들의 삶과 맞닿아 있음을 느끼며 해결해 나가야 할 지역 사회의 문제들에 대해서 인식하게 된다.

지역 사회를 이해하는 것에서 지역 사회의 기관들과 함께 협력하여 진행하는 지역 사회 연계 프로젝트도 진행하고 있다. 성북 문화 재단 한 책 추진단 운영 위원회, 청청 프로젝트 등 지역 사회의 기관들의 의미 있는 일에 참여하는 프로젝트들이 있다. 2019년에는 아리랑 어린이 도서관과 함께 인권 프로젝트를 진행하기도 했었다. 한 학기 동안 매주 인권 관련 어린이 도서를 읽고 토론을 했다. 책 안에 담긴 권리들을 찾아내며 도서관을 이용하는 아이들에게 어떻게 전달할지 논의했다. 실제 도서관을 이용하는 3~4학년 아이들을 위하여 다양한 활동들을 기획하고, 7주차 수업을 준비하여 도서관 프로그램을 진행했다. 책을 깊이 이해할 뿐 아니라 지역 사회의 어린이들을 직접 만나고 돕는 일이 가치를 실천하는 하나의 방법이 되었다. 지속적으로 성북 문화 재단과 협력하여 지역 사회의 일에 참여하고 노력하고 있다.

프로젝트만 할 수는 없을까?

　11학년 2학기, 아이들은 개인의 진로를 중심으로 자신의 교육 과정을 설계한다. 축제 프로젝트, 인턴십, 샬롬 튜토리얼, 사회적 기업 창업 수업, 개인 프로젝트 다섯 개의 교육 과정을 중심으로 한 학기를 보낸다. 2020년부터 실행하여, 앞으로 더 구체화 시켜야 할 부분이 많지만, 프로젝트만 하는 이 교육 과정에 아이들이 관심을 많이 두고 있다. 10학년 때부터 관심을 가지고 11학년을 고민하며 준비하는 프로젝트 중심 교육 과정은 진로적인 접근이며 동시에 프로젝트의 확장 버전으로 볼 수 있다. 11학년 2학기 전체를 또 하나의 프로젝트로 보고, 관심 있는 부분을 더 깊이 알아가는 프로젝트로 접근한다.

　프로젝트 중심 교육 과정의 첫 번째로 도전한 학생은 건축에 관심이 있어서 건축에 대해서 더 이해하고, 향후 유학을 염두에 두는 교육 과정을 설계하였다. 샬롬 튜토리얼 주제를 '이야기학교 리모델링 계획'으로 잡고 연구했으며, 도시 재개발과 관련된 창업 아이템을 사회적 기업 창업 수업에서 발표하였다. K-MOOC에서 자신이 듣고 싶었던 〈현대 건축의 흐름〉 강의를 한 학기 동안 수강했으며, 중국어 학습을 스스로 하여 자격증을 취득했다. 첫 시도였으나 진로 방향성을 잘 설정하여 프로젝트를 해 나가는 과정을 통해 역량을 더 키워 갈 수 있었다. 프로젝트는 전문적인 지식을 쌓고, 정보를 찾고 구성할 수 있는 역량뿐만 아니라 자기 관리 역량을 키워 준다.

이야기학교가 PBL 원리에 접근하는 방법을 통해 프로젝트에 익숙해진 아이들은 배움의 주체성을 가질 수 있는 프로젝트 중심 교육 과정에 더욱 관심을 가지고 있다.

공동체와 함께하는 프로젝트

프로젝트의 진행 과정에서 지역 사회 혹은 공동체와 함께하는 것은 중요하다. '이웃을 섬기는 실천'이 프로젝트의 목적이 되며, 공동체를 통해 프로젝트를 실제와 연결할 수 있기 때문이다. 교실 밖으로 확장되는 배움과 실제성을 띠기 위한 공동체와 지역 사회와의 협력은 프로젝트 자체로도 경험할 수 있고, 프로젝트 진행 과정에서도 이루어진다.

아이들은 1년 동안 성북 문화 재단에서 진행하는 한 책 추진단 운영 위원회 활동을 하며 다양한 연령대의 어른들을 만난다. 처음엔 어른들과 대화하는 것에 두려움을 느끼지만, 책을 읽고 토론을 하면서 자기의 생각을 말하고 어른들의 생각을 듣는다. 그 과정에서 함께 하는 어른들의 격려와 생각들이 아이들을 성장하게 만든다. 지역 사회의 일에 참여하며 지역 사회의 어른들을 통해서 배운다. 교실 밖을 넘어서서 지역 사회에서 다양한 어른들을 만나며 아이들은 배운다.

이야기학교의 부모님들도 프로젝트에 참여한다. 가족 캠프, 프로젝트 물품 구매 등 프로젝트들에 함께 참여하는 대상자가 되기도 하며 아이들의 발표에 청중으로 초청되어 교육에 참여하기 한다. 집중 수업 말하기 대회에는 부모님들이 참석하여 아이들을 격려하고 축하하는 시간을 갖는다. 요리 대회에는 급식을 담당해 주시는 조리사님과 부모님을 초청하여 심사 위원으로 모시기도 한다. 이는 공동체의 참여와 관심을 이끌어 내고, 공동체적인 교육을 만들어 가는 하나의 요소가 되기도 한다.

평화를 누리고 만들어 가기 위한 여정

 PBL의 원리와 요소를 적용하여 이야기학교의 많은 프로젝트가 진행되었고, 지금도 진행 중이다. 여러 교과목과 행사에 적용하다 보니 특정 학년이나 기간에 집중되어 본래의 목적과 방향을 잃을 수도 있어, 다양한 프로젝트를 관리하고 조정하는 디렉터 교사를 두었다. 도구를 잘 사용하기 위해서 도구의 사용방법을 익히는 것이 필요한 것처럼 PBL 디렉터는 교사들이 프로젝트를 수업에 도입할 수 있도록 자료를 제공하고, 프로젝트 진행 과정을 안내하고, 프로젝트를 프로젝트로 진행해 가며 배울 수 있도록 돕기 위해 교사 연수 과정을 진행하기도 한다.

 학기마다 진행되는 교육 연구 주간에는 각 교과목에서 진행하고 싶은 프로젝트 아이디어를 제안하고 관련된 교과와 함께 협의한다. 학기 중에도 진행되는 프로젝트를 피드백하며 더 정교하게 다듬어 가는 노력을 기울인다. 평화를 누리고 만들어 가기 위한 삶의 교육에서 프로젝트는 좋은 교육 방법이다. 그러나 더 나아가 잘 가르치기 위한 교육 방법 이상으로 세상을 회복시키는 역할을 하기 위해 사회 참여적인 프로젝트가 더 필요하다. 다양한 영역들의 문제들을 발견하고, 공감하며 온 세계의 회복을 위한 일들에 더 적극적으로 참여하는 프로젝트들을 만들어 내고 찾아가고자 하는 노력을 멈추지 않고 있다.

❻ 프로젝트와 놀이를 기반으로 한 역량 중심 컴퓨터

| 정재철 |

컴퓨터 교육의 주요 목표 중 하나는 컴퓨터를 활용한 문제 해결 능력과 사고력(컴퓨팅 사고력)을 향상하는 것이다. 2009년도 공교육 및 대안 교육 현장은 컴퓨팅 사고력 교육을 위한 인프라와 컴퓨터 교육에 대한 인식이 많이 부족했었다. 2010년대부터 스마트폰의 대중화로 인한 생활의 변화와 '4차 산업 혁명'이라는 용어의 유행으로 코딩 및 컴퓨터 교육에 관한 관심이 집중되었다. 그 당시 공교육 현장의 중고등학교 정보 교과서에는 컴퓨터 명칭과 활용에 관한 내용이 주를 이루고, 문제 해결 능력 향상을 위한 내용은 1~2단원 정도만 포함되어 있었다. 컴퓨팅 사고력과는 거리가 먼 기술과목 성격의 교육이 주로 진행되었다. 교육 현장에 정보 교사가 부족하여 기술 교사가 연수를 받아 가르

치거나, 방과 후 교육 시간에 외부 위탁 기관 교사가 자격증 과정 혹은 활용 정도를 가르치는 등 컴퓨터 교과의 목표와 현장 인프라의 격차가 매우 컸다.

2009년도 대안 교육 현장에서 컴퓨터 교육을 시작할 때, 대안적 모델의 필요성이 대두되었다. 모든 교육 현장이 그러하듯이 올바른 컴퓨터 교육을 추구하며, 목적과 목표에 맞는 교과 과정을 설계하고 학생들의 특성에 맞는 개별화된 교육 방법을 만들어 교육하고자 몸부림을 치기 시작했다. 이야기학교 개교 당시에는 학생들과 부모 요구를 수용하여 컴퓨터 활용 및 자격증 과정 위주로 수업을 설계하여 진행하였다. 방과 후에서 전일제 학교로 전환한 이후에 2009·2015 개정 교육 과정을 기반한 교육 과정을 재구성하여 진행하였다. 컴퓨터 기술은 급속도로 발전하기 때문에 올해 수업한 내용이 내년이면 구식이 되어 사용되지 않을 때가 많았다. 새로운 내용으로 변화시키지 않으면 잘못된 교육을 할 수도 있기 때문에, 기술의 혁신에 맞는 살아있는 교육 과정이 필수로 요구되어졌다. 이러한 교육을 위해선 필수적으로 교사의 역량이 중요한데, 새로운 기술을 배워서 교육 과정을 발전해 갈 수 있도록, 학교가 재정적·시간적·문화적으로 지원하여 교육 과정을 운영하고 있다. 여전히 부족하지만, 대안 교육 현장의 컴퓨터 교육을 나누고자 한다.

2009~2011	2012~2014	2015~2016	2017~2019	2020	2021
컴퓨터 활용 능력 (한글, 포토샵, 파워포인트, 프리미어)	자격증 20%	코딩 교육 언플러그드 스크래치 40%	빅데이터 10%	빅데이터 10%	빅데이터 20%
			컴퓨팅 사고 10%	컴퓨팅사고 VR/AR 메이커 교육 언플러그드 40%	컴퓨팅 사고 15%
	컴퓨터 활용 능력 80%		코딩 교육 언플러그드 30%		컴퓨터 활용 15%
		자격증 10%			AI VR/AR 메타버스 인공지능 코딩 교육 50%
		컴퓨터 활용 능력 50%	컴퓨터 활용 능력 드론 3d 프린터 50%	코딩 교육 언플러그드 20%	
				컴퓨터 활용 능력 드론 3d 프린터 30%	

'놀이'가 '배움'이 되는 교육

컴퓨터 공부를 시작하는 학생들 중 많은 수의 학생들이 초기에는 흥미를 느끼며 수업에 열심히 참여한다. 하지만 심화 영역을 공부하면서 흥미를 잃고 초급 단계에 만족하고, 더 배우려 하지 않는 모습을 보인다. 이에 반해, 흥미를 잃지 않은 학생은 어려운 문제나 내용을 배워도 포기하지 않고, 스스로 더 많은 것을 공부한다. 초기 단계에 흥미를 느끼도록 '보드게임', '놀이', 다음 주에 배울 내용을 'TV 드라마'의 예고편처럼 궁금증을 유발하는 활동을 많이 하여 컴퓨터 용어 및 원리에 친근하고 익숙하게 하면서 호기심을 자극하여 컴퓨터 교육 과정에 흥미를 잃지 않도록 노력하고 있다.

아이들 사이에서 인기가 많은 '슬라임'이라는 이상한 장난감이 있다. 다양한 방법으로 만져 놀기도 하지만, 좋아하는 아이들은 스스로 제작법까지 공부하여 '슬라임' 전문가가 되기도 한다. 이야기학교 컴퓨터 수업 시간은 '슬라임'을 만지면서 노는 것과 비슷한 원리로 수업을 진행한다. 20분 동안 배울 내용을 보여 주고, 만지게 한다. 나머지 20~25분 동안은 배운 내용을 마음껏 만지면서 놀게 한다. 이 시간엔 잘하면 잘하는 대로, 못하면 못하는 대로 교사 혹은 친구들에게 물어 가며 마음껏 만져 보고, 만들어 보며 배워 간다.

함께하는 교육

교실에는 컴퓨터를 잘하는 학생과 못하는 학생, 좋아하는 학생과 어려워하는 학생이 있다. 심지어 "컴퓨터가 너무 싫다."라고 말하는 학생 등 다양한 유형의 학생들이 교실에 앉아 있다.

또한, 코딩을 잘하는 학생, 그림을 잘 그리는 학생, 기획을 잘하는 학생, 음악을 잘하는 학생, 리더십이 좋은 학생, 발표를 잘하는 학생 등 저마다 장점이 있고, 저마다 특색이 있고 다르다. 컴퓨터 기술에는 모든 요소를 필요로 하기에 학생들 간에 서로 소통하고 협력해 가는 배움의 과정을 통해 컴퓨터 수업을 하고 있다. 알고리즘 영역을 배울 때, 이 영역을 잘 못 해도, 기획, 발표, 디자인 등 학생이 잘하는 방법으로 참여할 수 있다. 더불어 학습 모둠을 구성하여, 모둠 구성원 간에 학습 내용을 이해할 수 있도록 도와주며 함께하는 교육을 진행하고 있다. 자신의 강점을 살리면서 약점은 친구들과 서로 도와가며 보완해 가는 문화를 만들어 서로 경쟁하지 않고 '내적 안정감'을 누리며 편안하고 행복한 교실 환경을 만들고자 노력하고 있다.

생각하는 교육

프로그래밍 교육을 접해보신 분들은 '베이직(Basic)'이나 'C언어'와 같은 프로그래밍 언어를 배울 때 교사 혹은 또래 잘하는 학생들의 소스를 복사해서 붙여 넣거나 로직(Logic)을 암기했던 경험이 있을 것이다. 이와 같은 방식으로 코딩 교육을 진행하면, 일상의 작은 문제를 해결하기 위한 프로그래밍도 할 수 없는 상태가 될 수 있다. 컴퓨터 교육의 목표를 이루기 위해서는 다양한 프로젝트를 통해 알고리즘을 익혀서, 새로운 문제를 만났을 때 익혔던 알고리즘을 응용하여 해결하는 힘을 기르게 해야 한다. 이야기학교 컴퓨터 수업 시간은 생각하는 시간이다. 컴퓨터가 동작하는 방식으로 문제 유형을 분석하고, 해결법을 생각하는 시간이다. 쉬운 문제 혹은 간단한 프로젝트부터 시작하여 이를 해결하기 위한 문제 분석, 해결하기 위한 절차, 알고리즘까지 학생 개개인의 흥미도와 수준에 맞게 충분히 사고하는 힘을 기르는 시간이다. 문제의 답을 찾아가는 수업이기에 다양한 언어와 도구를 사용해 프로토타입(Prototype)을 만드는 시간이다. 컴퓨터 기술의 빠른 발전과 AI의 발전으로 오늘날 배우는 기술이 더욱 구식이 되어 갈 것이기에, 특정 언어 및 프로그램에 의존할 필요가 없다. 학생들이 성인이 되었을 때 컴퓨팅 사고력이 있으면 문제의 답을 잘 찾아갈 것이라 기대하며 컴퓨팅 사고력 향상을 지향하는 교육을 하고 있다.

문제 해결 능력을 키우는 교육

문제점이나 불편한 점을 개선 혹은 대안을 제시하는 역량을 기르는 것은 삶에서 굉장히 중요하다. 이러한 목적을 이루기 위해 초등학교 1학년부터 12학년까지 교육 과정을 디자인하여 다른 과목과 연계하거나 교내·외 행사들에서 활용하게 하여 역량을 키울 수 있는 '장(場)'을 만들어 주고 있다. PBL(프로젝트 기반 학습) 수업 방식을 컴퓨터 수업 전반에 재구성하여 크고 작은 규모로 진행하는데, 개인, 학급, 초중등과정, 학교, 외부 기관 단위의 프로젝트에서 수업 시간에 배운 내용을 활용하거나 필요한 부분은 역으로 공부하여 역량을 키워 가고 있다.

규모	내용
통합 수업	국어, 수학, 과학, 사회, 사회적 기업 수업 등과 연계한 책 만들기, 3D 프린팅, 디자인, 코딩 수업, 프레젠테이션 발표
축제, 여행 캠프	책자, 현수막, 영상, 프로그램, 드론
개인, 모둠, 가정	빅데이터 활용한 논문 작성, 포트폴리오, 사물 인터넷 작품

스스로 학습하기

이야기학교에서는 컴퓨터 교육을 한주당 1차시 진행하고 있다. 컴퓨터 교육 과정을 디자인 할 때 가장 고려되는 요소이다. 컴퓨팅 사고력과 문제 해결 능력을 키우기 위한 수업을 진행하기에 시간이 부족하기 때문이다. 이러한 상황에서 컴퓨터 교육을 진행하기 위해 자기 주도적인 학습이 되도록 학습 문화와 자료를 제공하는 방법을 선택했다. 학기 시작 전 학생들에게 배우고 싶은 내용을 조사하고, 최대한 반영하여 새로운 수업을 설계하여, 학생들에게 공개하고, 학생들의 피드백을 받아 재수정 후에 수업을 진행하였다. 이러한 절차를 통해 만들어진 수업이기에 학생들의 만족도가 높은 편이며, 배움의 과정에 학생들이 보다 성실히 참여하였다.

또한, 수업 시간에 배운 내용과 심화 내용을 녹화해서 제공하여 스스로 공부할 수 있도록 지도하고 있다. 더불어 공부를 더 하고 싶거나 잘하는 친구들은 실력을 키워 갈 수 있도록 동아리를 구성하여 공부할 자료 및 영상을 촬영하여 제공하여 스스로 배움이 일어나도록 했다. 컴퓨터를 스스로 공부할 때, 즉각적인 피드백이 중요한데, 학년별 컴퓨터 문의방을 개설하여 컴퓨터 수업과 관련된 질문을 실시간 받고 있으며, 질문에 맞는 보충 자료를 제공하여 스스로 공부하는 데 어려움 없도록 노력하고 있다.

컴퓨터와 만나는 초등 과정

초등 과정은 컴퓨터와의 만남의 시간이다. 컴퓨터가 무엇인지 이해하고, 동작 원리를 배우는 과정이다. 컴퓨터를 사용하지 않고 컴퓨터 과학 교육을 하는 언플러그드 컴퓨터 교육(Tim Bell)을 재구성하여 흥미 위주의 수업을 주로 진행하고 있다. 교실이 놀이터('Play ground')가 될 수 놀이와 게임을 통해 컴퓨터 원리를 이해하는 수업과 컴퓨터를 이용하여 프로그램을 만들어보는 수업과 키트(Kit)를 활용하여 로봇과 사물인터넷 수업을 진행하고 있다.

학년 \ 내용	1학기	2학기
1학년	메이커 교육	놀이로 배우는 컴퓨터
2학년		
3학년	언플러그드 코딩	인공지능 교육
4학년		
5학년	사물 인터넷	인공지능 교육
6학년		

UX/UI 디자인 과정을 배우는 중등 과정

중고등 과정에서 배우는 컴퓨터 교육 과정은 UX/UI 디자인 과정을 배우는 것이다. UX : 사용자 경험 (User Experience)와 UI : 사용자 표현

(User Interface) 즉, 일상의 문제를 찾아 정의를 내리고, 해결책을 제시하여 검증하는 과정을 말한다. 이 과정을 배우기 위해 프로젝트를 기획하는 방법부터 프로토타입(prototype)을 만들어 보고 실제로 해결책을 3D 프린터, 빅데이터, 코딩, 영상 등 다양한 방법을 종합적으로 활용하여 제시하도록 한다.

학년 \ 내용	1학기	2학기
7학년	UX/UI 디자인 포토샵	디자인(일러스트)
8학년	디지털 콘텐츠 이해	영상 콘텐츠 기획(에프터 이펙트)
9학년	드론	아두이노
10학년	메이커 교육 스케치업/ 3D 프린팅 / 레이저 컷팅	빅데이터 분석 / 웹 스크롤링 코딩 교육 (파이썬)
11학년	컨텐츠 제작	컨텐츠 제작 / 데이터 분석
12학년	빅데이터 통계 분석	빅데이터 통계 분석

위에서 정리한 컴퓨터 수업의 방법과 내용은 혁신적이거나 독창적인 것이 아닌 우리 주변에서 흔히 접할 수 있는 다양한 교육 방법과 이론을 교육현장에 맞게 수정하여 교육 활동을 한 것이므로, 많이 부족하며 각 학교의 상황에 맞지 않을 수 있다. 이미 공교육에서는 '2015 개정 교육 과정'의 정보 교과서를 활용해 많은 부분을 반영하여 교육하고자 노력하고 있으나 여전히 교사의 역량 부족 혹은 학생들의 수준 및 선행 학습된 내용의 차이 등으로 인해 개선되어야 할 점이 많이 있

다. 대안 교육 또한 여전히 컴퓨터 교육을 '기술 교육'으로 인식하기도 하며, 컴퓨터 수업 자체가 없는 학교도 많았다. 컴퓨터 교육을 진행하더라도 '3D 프린팅'이나 '코딩' 등 일회성의 부분적인 교육을 진행하고 있는 대안 학교가 많이 있다.

매해 세계 지적 재산권 기구에서 세계 혁신 지수를 발표하는데, 수세기 동안 강대국들로 알려진 유럽의 독일, 프랑스와 같은 나라와 일본, 중국 같은 나라가 급속도로 성장한 우리나라의 순위보다 아래 있는 것을 볼 수 있다. 이러한 현상은 기술의 혁신에 대해 빠르게 대응하지 않고, 전통적인 시각과 방식으로 적응하였을 때의 단편적인 사례일 것이다. 컴퓨터 교육이 이러한 문제를 극복할 수 있는 유일한 해결책은 아니지만, 컴퓨터 교육에 대한 변화의 시도와 노력을 하지 않은 채 전통적인 교육만을 고집한다면 인공지능이 주도하는 미래사회에서 혁신적인 모델을 제시하는 '생산자' 혹은 '제작자'가 아닌 남이 만들어 놓은 '콘텐츠'와 '플랫폼' 없이는 살 수 없는 '소비자'로만 살아가도록 교육하는 것이라 할 수 있다. 컴퓨팅 사고력을 기반한 문제 해결 능력을 향상시키는 컴퓨터 교육은 UN의 미래인재상인 소통, 관계, 역량을 갖춘 인재를 길러낼 수 있는 좋은 도구이다. 이야기학교에서의 컴퓨터 교육이 현재 컴퓨터 교육을 진행하고 있지 않거나 '컴퓨터 활용 능력' 정도만 교육하고 있는 학교들에게 조금이나마 도움이 되길 기대해본다.

글 맺기

    교육은 변하지 않는 것 같지만 끊임없이 변화하고 있다. 그리고 대안 교육이 공교육의 변화에 영향을 주었다는 점을 대부분 인정한다. 공교육의 변화는 대안 교육에 또 다른 자극을 준다. 공교육과 대안 교육은 상호 작용을 하며 같이 성장할 수 있다. 2020년 대안 교육 기관법이 통과되면서 대안 교육이 공적 교육의 한 영역으로 진입하였다. 대안 교육의 생태계, 나아가 대한민국 교육 정원이 잘 형성되어 부모와 학생에게 다양한 교육을 제공할 수 있게 되길 기대한다.

    대안 학교는 교육의 본질이 무엇인가를 두고 씨름하며 매일을 살아가고 있다. 현장에서 아이들과 부딪히며 사는 것은 고된 일이지만, 참 교육이 얼마나 아름다운 것인지를 경험한 교사와 부모, 그리고 학생은 그 자리를 벗어나려 하지 않는다.

    교육은 삶이다. 이야기학교 교육을 정리하면서 그 아름다운 삶의 모습에 취하기도 한다. 이 글을 읽은 분들도 사람 냄새나는 교육의 향기를 맡았을 것이라고 기대한다. 그 향기를 좋아하는 더 많은 사람이 대안 교육을 찾기를 바란다.

대안 교육을 앞서 시작한 분들, 앞서 걸어간 모험가이자 개척자들에게 감사한다. 그들이 아니었다면 이 길에 들어설 기회조차 없었을 것이며, 이 길을 걸어갈 용기를 내지 못했을 것이다. 이야기학교를 시작할 때 함께 했던 교사, 부모, 그리고 아이들도 대안 교육의 첫걸음에 용기를 낸 사람들이다. 이야기학교 12년의 발걸음에 발자국을 남긴 모든 분에게 감사한다. 그들은 다른 교육을 선택할 때의 두려움을 용기로 맞섰다. 갖춰지지 않은 교육 환경, 덜 완성된 교육 과정, 준비가 부족한 교사와 함께 새로운 교육에 발을 들여놓은 교육 운동가라 해도 지나침이 없다. 사람이 학교를 세우고, 사람이 교육을 만든다. 이런 교육실험의 바탕이 되어 준 혜성 공동체의 헌신은 아무리 감사를 표해도 모자랄 것이다. 미래를 꿈꾸는 일은 많지만, 그것을 이루기 위해 헌신으로 뒷받침하는 경우는 드물다. 그러기에 그 가치가 더 빛날 수밖에 없다.

이야기학교에서 교육 실험을 주로 이끌어 가는 것은 교사이다. 또 학교 문화를 가치에 따라 만들어가는 주축도 교사이다. 이야기학교 교사는 첫 면접에서 이런 이야기를 듣는다. "개척자로서 살아가고 싶은가요?", "안정적으로 갖추어진 곳에서 일하고 싶다면 이곳은 맞지 않습니다." 젊은 날의 시간과 열정으로 이야기학교를 함께 만들어 온 교사들이 자리를 지키며 교육을 성장시켜 나갈 것이다. 이런 점에서 교사를 믿는 것이 교육에서 얼마나 중요한가를 알게 된다. 교사가 곧 교육 과정이다.

그리고 학교의 문화가 만들어질 때 부모 영향이 클 때가 있다. 한 학생이 입학함으로써 분위기가 달라지기도 한다. 대안 교육을 하며 배운 것 중 하나는 한 학생을 만나는 것은 작은 우주를 만나는 것이고, 그 가족 전체와의 만남이라는 것이다. 매번 만남을 어떻게 조율해서 조화롭게 해나가느냐가 학교의 특성과 문화를 만들어 내는 열쇠이기도 하다. 따라서 한 학교의 교육은 구성원 모두가 만들어 낸 것이다.

글머리에서 그리고 글 맺음에서 '교육 실험'이라는 표현을 사용한다. '교육 실험'이라는 표현에 "아이를 두고 실험한다는 거야?"라고 질문할 수도 있다. 그에 대한 대답은 "그렇다"이다. 건강한 교육 실험은 아이들에게 더 나은 교육을 제공한다. 그 실험 과정 자체에서 아이들은 더 유익한 성장을 경험한다. 앞으로도 대안 교육은 더 많은 교육 실험을 해야 한다. 안정될수록 '안주하려는 힘'은 더 거세지기에 교육 실험을 멈추게 될 위험성이 높다. 대안 학교는 내적인 질문을 통해 교육의 본질을 찾아가는 여행을 계속해야 한다. 그것이 이야기학교의 과제이기도 하고 대안 학교 관계자들의 고민이기도 할 것이다. 2022년 1월 13일 대안 교육 기관법 시행령이 공포되었다. 새로운 환경에서 더 다양한 교육 실험이 펼쳐져 대안 교육이 더 성장하고 발전해 나가길 기대한다.

누림북스는 일반 대중을 위한 인문학, 교육학, 심리학 등의 양서를 출간하는 세움북스의 임프린트입니다.

북유럽식 삶의 교육 이야기학교
교육의 대안을 제시하다

초판 1쇄 인쇄 2022년 2월 5일
초판 1쇄 발행 2022년 2월 10일

지은이 ǀ 곽수정 국성민 김은혜 김하경 류지원 백선미 오현준
       이은지 장지혜 장한섭 정재철 정혜선 홍지훈
펴낸이 ǀ 강인구

펴낸곳 ǀ 누림북스
등 록 ǀ 제2014-000144호
주 소 ǀ 서울시 서대문구 연희로 160 연희회관 3층 302호
전 화 ǀ 02-3144-3500
팩 스 ǀ 02-6008-5712
이메일 ǀ cdgn@daum.net

교 정 ǀ 이윤경 류성민
디자인 ǀ 참디자인

ISBN 979-11-91715-16-3 (03370)

* 이 책은 신저작권법에 의하여 국내에서 보호를 받는 저작물입니다.
  출판사의 협의 없는 무단 전재와 무단 복제를 엄격히 금한다.
* 책값은 뒤표지에 있습니다.
* 잘못된 책은 교환하여 드립니다.